Le meilleur livre de
la cuisine froide

Oetker-Ancel

Le meilleur livre de la cuisine froide

400 recettes pour buffets froids, cocktails, entrées, desserts, etc

Chantecler

Lorsque rien n'est mentionné, les recettes sont prévues pour 4 personnes.

La température de votre four à gaz ne correspond peut-être pas toujours à l'indice que nous indiquons; nous vous conseillons donc de consulter les instructions de votre four.

Editeur original: Ceres-Verlag, Bielefeld, Allemagne (RFA)
Titre original: *Die beste Dr. Oetker Kalte Küche*
© MCMLXXXII by Ceres-Verlag Rudolph-August Oetker KG. Bielefeld.
Tous droits réservés.
© MCMLXXXV by Editions Chantecler, division de la Zuidne-derlandse Uitgeverij N.V.
D-MCMLXXXV-0001-20
Traduction française de M. H. Bibault.

TABLE DES MATIERES

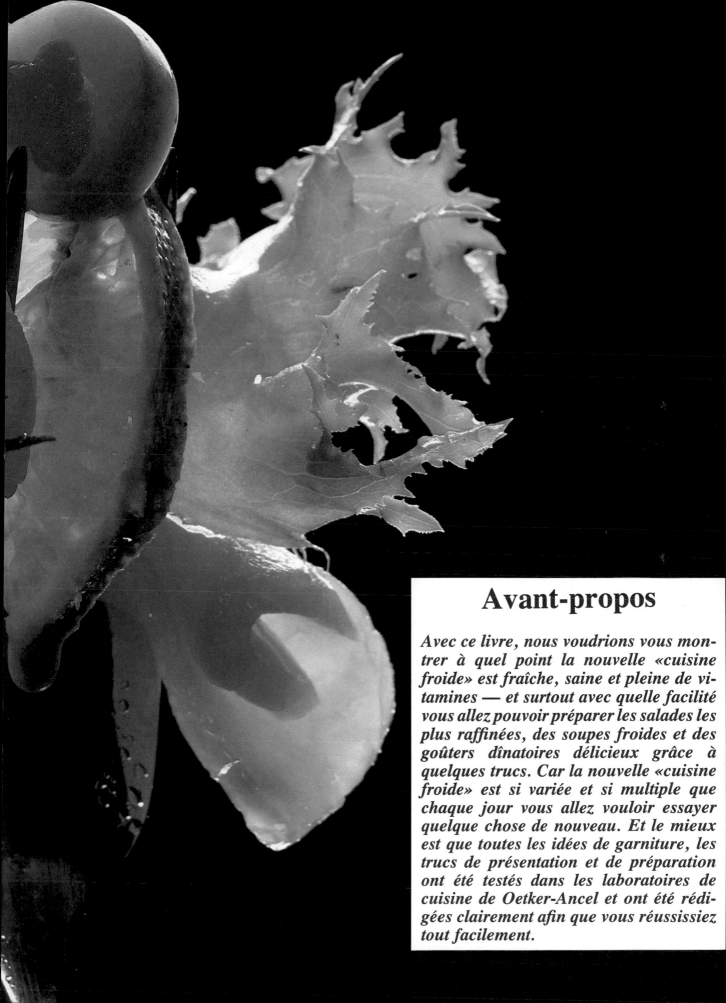

Avant-propos

Avec ce livre, nous voudrions vous montrer à quel point la nouvelle «cuisine froide» est fraîche, saine et pleine de vitamines — et surtout avec quelle facilité vous allez pouvoir préparer les salades les plus raffinées, des soupes froides et des goûters dînatoires délicieux grâce à quelques trucs. Car la nouvelle «cuisine froide» est si variée et si multiple que chaque jour vous allez vouloir essayer quelque chose de nouveau. Et le mieux est que toutes les idées de garniture, les trucs de présentation et de préparation ont été testés dans les laboratoires de cuisine de Oetker-Ancel et ont été rédigées clairement afin que vous réussissiez tout facilement.

COCKTAILS

Une ouverture de fête

(Recette p. 14)

Cocktail au brocoli

Cocktail au brocoli

	ôter les feuilles externes de
env. 250 g de brocoli	ôter les tiges du trognon, les inciser en croix jusqu'aux bouquets, laver, mettre les bouquets dans de l'
eau salée bouillante	porter à ébullition, cuire, égoutter et laisser refroidir, couper fin (en réserver pour la garniture)
	plonger quelques secondes
3 tomates	dans de l'eau bouillante, passer sous l'eau froide, peler, épépiner, couper en dés
125 g de camembert	couper en dés
	pour la sauce cocktail
	mélanger
150 g de crème épaisse	avec
2 cl de Pernod	assaisonner avec
sel, poivre	dans 4 verres à cocktail, disposer des
feuilles de laitue lavées	y déposer les ingrédients du cocktail, recouvrir de sauce, garnir le cocktail avec le reste des bouquets de brocoli garnir avec des
pistaches hachées	
temps de cuisson:	10-12 minutes
accompagnement:	baguette, beurre.

Cocktail campagnard grec

	ôter les feuilles fânées de
1/2 laitue	détacher les autres du cœur, découper les grandes feuilles, laisser les feuilles du cœur entières, laver la laitue, bien égoutter ou essorer à la centrifugeuse
1 oignon	peler, couper en rondelles laver, sécher, couper en fines rondelles, éventuellement couper les rondelles en deux, de
1/2 concombre	laver, sécher, couper en huit, ôter les pieds du pédoncule de
4 tomates	laver à l'eau froide courante
8 filets d'anchois (en boîte)	éponger doucement écraser
125 g de fromage de chèvre	
	pour la sauce cocktail mélanger
150 g de crème épaisse	ajouter
1 gousse d'ail pelée et écrasée	
3-4 c. à s. de civette finement hachée	assaisonner avec du
sel	
poivre	arranger les ingrédients du cocktail dans 4 verres à cocktail, verser la sauce, garnir avec des
olives noires accompagnement:	pain complet.

Cocktail d'asperges Hawaï

	laisser égoutter
500 g de tronçons	

Cocktail d'asperges Hawaï

d'asperges cuites	laisser dégeler à température ambiante
env. 250 g de crevettes surgelées	mélanger les deux ingrédients
	pour la sauce cocktail mélanger
5 c. à s. de mayonnaise	avec
2 c. à s. de crème fraîche	
1 c. à s. de sherry	assaisonner avec du
jus de citron	mélanger les ingrédients du cocktail avec la sauce couper en deux, ôter la chair de
2 oranges	couper en dés les quartiers d'orange détachés les mélanger au cocktail, arranger dans les quatre moitiés d'écorce d'orange
accompagnement:	toasts et beurre.

Cocktail de fruits de mer

	laver à l'eau courante froide
2 filets de sole	éponger porter à ébullition
125 ml de vin blanc 125 ml d'eau 1 grain de poivre 1 zeste de citron (non traité) sel poivre	y déposer les soles, porter à ébullition, ôter du court-bouillon, laisser refroidir éventuellement nettoyer, égoutter
env. 130 g de chair de moules en boîte)	laisser décongeler
env. 100 g de crevettes congelées	faire égoutter

Cocktail de fruits de mer

env. 100 g d'asperges cuites	couper fin,(réserver les pointes pour la garniture) laisser égoutter
100 g de champignons de Paris étuvés	couper en rondelles
	pour la sauce cocktail mélanger
2 c. à s. de mayonnaise	avec
2 c. à s. de crème épaisse	
1 c. à s. d'eau-de-vie	
2 c. à s. de jus d'orange	
1 c. à t. de raifort râpé (en bocal)	
1 c. à s. de ketchup	assaisonner avec du
sel poivre de Cayenne	garnir 4 verres à cocktail avec des
feuilles de laitue lavées	dresser par-dessus les ingrédients du cocktail, recouvrir de sauce
temps de préparation:	10-15 minutes
accompagnement:	toasts, beurre.

Cocktail de chair de crabe

	porter à ébullition
500 ml d'eau	avec
1 c. à s. rase de sel	y placer
50 g de riz à grains longs	porter à ébullition, faire gonfler, égoutter au tamis, asperger d'eau froide, laisser égoutter laisser égoutter
185 g env. de chair de crabe (en boîte)	réduire en bouchées laver, couper en deux, épépiner, couper en quatre
125 g de raisins noirs et blancs	laisser égoutter
1 c. à s. bien pleine de quartiers de mandarines (en boîte)	couper en deux
	pour la sauce cocktail mélanger
3 c. à s. de crème fraîche battue ferme	avec
2 c. à s. bombées de mayonnaise	
1-2 c. à s. de jus de mandarines	assaisonner avec du
sel poivre	
jus de citron	mélanger les ingrédients du cocktail à la sauce, assaisonner avec du sel, poivre

garnir 4 verres à cocktail avec des

feuilles de laitue
lavées répartir le cocktail par-dessus, garnir avec des

rondelles de citron
quartiers de
mandarine
persil
temps de cuisson: environ 20 minutes
accompagnement: toasts, beurre.

Cocktail de fruits exotiques

avec un petit couteau de cuisine, découper un chapeau en étoile de

4 petits melons
cantaloup détacher la chair, épépiner, couper en dés, mettre dans une jatte

Cocktail de fruits exotiques

laisser égoutter

225 g de lychees
(en boîte)
225 g de mangue
(en boîte)
150 g de kumquats
en dés
(en boîte) couper en dés les mangues, mélanger aux autres fruits
pour la sauce cocktail
mélanger le jus de

1 citron
2 c. à s. de kirsch avec
4 c. à s. d'eau-de-vie
1-2 c. à s. rases de
sucre glace
tamisé
1/2 paquet de
sucre vanillé verser sur les fruits, laisser au froid au moins une heure
concasser des

glaçons (du
congélateur) verser dans des coupes plates, poser les melons par-dessus, mélanger délicatement les fruits, placer dans les melons sans le jus, garnir à son gré de

lychees
kumquats
cerises confites
accompagnement: biscuits pour le thé, boudoirs.

Cocktail de fruits au crabe

peler

1 orange
1 banane
1 pomme couper la pomme en quatre, épépiner couper tous les ingrédients en dés laisser égoutter

300 g de cerises
dénoyautées
(en bocal) mélanger aux fruits
150 g de chair de
crabe

pour la sauce cocktail
mélanger
150 g de yaourt avec
1 c. à s. de jus de
citron ajouter
30 g d'amandes
mondées pilées
sel assaisonner avec du
sucre mélanger délicatement les ingrédients du cocktail
garnir 4 verres à cocktail avec des

feuilles de laitue
lavées répartir le cocktail par-dessus, garnir avec des

petites roses en
tomates
accompagnement: toasts, beurre.

Cocktail de crabe à l'indienne

	éplucher
2 bananes	peler, couper en quatre, épépiner
2 petites pommes	couper les deux ingrédients en dés, mélanger avec
env. 200 g de miettes de crabe frais	asperger de
jus de citron	ajouter
2 c. à t. de noisettes hachées	
4 pincées de curry en poudre	
4 pincées de gingembre en poudre	mélanger avec
300 g de crème épaisse	ajouter aux ingrédients, assaisonner le cocktail avec
sel	
poivre	répartir dans les verres à cocktail, décorer avec du
ketchup	
accompagnement:	toasts, beurre.

Cocktail de homard

	concasser en petits morceaux
140 g de chair de homard cuite	laisser égoutter
3 c. à s. de champignons de Paris étuvés en rondelles	
2-3 tranches d'ananas (en boîte)	couper les tranches d'ananas en petits morceaux

pour la sauce cocktail
battre en une préparation épaisse

1 jaune d'œuf	
1-2 c. à t. de moutarde	
1 c. à s. de vinaigre ou de jus de citron	
sel	
1 c. à t. de sucre	ajouter peu à peu
125 ml d'huile	
4 c. à s. de crème fraîche	
1 c. à s. de sherry	assaisonner avec du sel, sucre arranger les ingrédients du cocktail dans 4 verres à cocktail, recouvrir de sauce, garnir le cocktail avec des
feuilles de laitue lavées	
chair de homard	
persil	
accompagnement:	toasts, beurre.

Cocktail d'avocats et de chair de crabe

	laver, égoutter, couper en deux dans le sens de la longueur, dénoyauter, détacher la chair de
2 avocats mûrs	ne pas percer l'écorce, couper en dés, asperger avec le jus de
1/2 citron	laisser égoutter
125 g de champignons de Paris étuvés	couper en rondelles concasser
100 g de chair de crabe cuite	mélanger avec les champignons et les avocats

Cocktail de homard

Cocktail d'avocats et de chair de crabe

	pour la sauce cocktail
	mélanger
150 g de crème épaisse	avec
3 c. à s. de ketchup	
1 c. à s. d'eau-de-vie	
1 c. à t. de raifort râpé (en bocal)	assaisonner avec du
sel	
poivre concassé	
poivre de Cayenne	ajouter
1-2 c. à s. d'herbes diverses hachées	répartir les ingrédients du cocktail dans les moitiés d'avocats, recouvrir de sauce garnir le cocktail avec des
feuilles de fenouil	

Cocktail de homard Loren

	découper en petites bouchées
env. 450 g de chair de homard cuit	plonger rapidement dans de l'eau bouillante (ne pas faire cuire), puis dans de l'eau froide, peler, ôter les pédoncules de
2 tomates	vider le cœur, couper en lanières laisser égoutter
170 g de maïs en	

Cocktail de homard Loren

grains	couper en rondelles
12 olives d'Espagne fourrées au poivron	
	pour la sauce cocktail
	mélanger
150 g de yaourt	avec
1 c. à s. d'herbes variées hachées	assaisonner avec du
sel	
poivre	ranger par couches les ingrédients dans 4 verres à cocktail, recouvrir de sauce, garnir avec des
feuilles de fenouil accompagnement:	toasts, beurre.

Crevettes du Groenland, au naturel

(Illustr. p. 8-9 - 1 personne)

	détacher la chair de
250 g de crevettes du Groenland (cuites)	asperger avec le
jus d'un citron	saupoudrer de
poivre de Sumatra grossièrement haché	
sel	laisser macérer env. 1 heure dans un endroit frais (jeter le jus s'étant éventuellement formé) servir garni avec des
feuilles de fenouil demi-rondelles de citron	
accompagnement:	toast, beurre.

Cocktail de thon

	laisser égoutter
env. 300 g de thon (en boîte)	écraser peler, émincer
3 échalotes ou 1 petit oignon	laisser égoutter
1 c. à s. de câpres (en bocal)	hacher menu, mélanger tous les ingrédients
	pour la sauce cocktail
	mélanger
150 g de crème épaisse	avec
évent. 1-2 c. à s. de lait	
1 c. à s. de moutarde	
1 c. à s. de fenouil haché	
sauce Worcester	assaisonner avec du

jus de citron	
sel à l'ail	garnir quatre verres à cocktail avec des
feuilles de laitue	
lavées	y répartir les ingrédients du cocktail, verser la sauce par-dessus, garnir avec des
rondelles d'œuf cuit dur	
accompagnement:	pain frais, beurre manié aux herbes.

Cocktail de bœuf du chef

	couper en petits dés
200 g de viande de bœuf bouillie	
100 g de jambon cru maigre	peler
1 oignon	laisser égoutter
2 c. à s. de câpres (en bocal)	
2 cornichons	couper les ingrédients en dés hâcher fin
4 œufs cuits durs	mettre les ingrédients dans une jatte avec
4 c. à s. de civette hachée	épicer avec du
sel	
sauce Worcester	
	pour la sauce cocktail
	mélanger
125 ml de crème aigre	avec
4 c. à s. de mayonnaise	
2 c. à s. de moutarde	ajouter (en réserver un peu pour la garniture)
90 g de caviar (en bocal)	garnir 4 verres à cocktail avec des
feuilles de laitue lavées	y répartir les ingrédients du cocktail, recouvrir de sauce, garnir les cocktails avec le reste du caviar
accompagnement:	pain complet ou de seigle, beurre.

Cocktail de champignons de Paris

	laisser égoutter
200 g de champignons de Paris étuvés	couper en tranches fines couper en petits morceaux
200 g de viande de poulet	mélanger les ingrédients (en laisser un

	peu pour la garniture), épicer avec du
sel	
jus de citron	
	pour la sauce cocktail
	battre en une préparation épaisse
1 jaune d'œuf	
1 c. à t. de moutarde	
1 c. à t. de vinaigre ou de jus de citron	
sel	
1 pincée de sucre en poudre	ajouter peu à peu
125 ml d'huile	écraser à la fourchette
60 g de fromage frais double crème	mélanger à la mayonnaise avec du
sel de céleri	
3 c. à s. de crème aigre	garnir 4 verres à cocktail avec des
feuilles de laitue lavées	y répartir les ingrédients du cocktail, recouvrir de sauce, garnir le cocktail avec les ingrédients réservés
accompagnement:	baguette, beurre.

Cocktail printanier

	couper
12 asperges cuites	en morceaux d'environ 3 cm
	couper
100 g de homard cuit	en petits morceaux
	assaisonner ces deux ingrédients de
sel, poivre	et arroser de
jus de citron	laver, laisser égoutter, équeuter et couper en deux
16 fraises	les saupoudrer de
sucre	et les arroser de jus de citron
	couper
100 g de filet de Saxe	en fines lanières
	pour la sauce
	mélanger
2 c. à s. de mayonnaise	
2 c. à s. de ketchup	
2 c. à s. d'eau-de-vie	
1/2 c. à s. de jus de citron	assaisonner de
sel	
poivre	tapisser 4 verres à cocktail avec des
feuilles de laitue lavées	répartir les autres ingrédients sur la laitue et napper de sauce garnir les cocktails de
feuilles de cerfeuil	
accompagnement:	toasts, beurre.

ENTREES

Une mise en train de la dégustation
(Recette p. 27)

Avocats à la crème au roquefort

Avocats à la crème au roquefort

2 avocats mûrs	laver, sécher, couper en deux dénoyauter, détacher la chair en laissant une marge de 1 cm, passer au tamis ou mixer ajouter
150 g de crème épaisse	battre la préparation en crème, peler, couper très fin
1 petit oignon	mélanger à la crème, assaisonner la préparation avec du
sel	
poivre	écraser à la fourchette
75 g de fromage de roquefort	mélanger avec
2 c. à s. de crème fraîche	ajouter à la préparation aux avocats mettre la préparation dans une douille à bord denté, en remplir les avocats, servir sur un plat avec des
olives noires feuilles de laitue lavées	

Petits paniers de tomates garnis

4 grosses tomates	laver, sécher, couper en deux, vider couper en deux, ôter le pédoncule, épépiner, ôter les peaux blanches de
1 poivron vert	laver, couper en lanières mettre dans
250 ml d'eau bouillante salée	porter à ébullition, faire cuire environ 5 minutes, égoutter, laisser refroidir couper en lanières
250 g de viande de	

porc bouillie 75 g de jambon cuit	
	pour la sauce salade mélanger
2 c. à s. de mayonnaise	avec
2 c. à s. de yaourt sel, poivre	assaisonner avec du
paprika doux	mélanger les ingrédients à la sauce salade, bien laisser macérer, répartir dans les moitiés de tomates, servir sur un plat.

Tomates à la mozzarelle
(6 personnes)

	laver, sécher, ôter les pédoncules, couper en rondelles
750 g de tomates	couper en rondelles
300 g de fromage de mozzarelle	mettre les deux ingrédients sur un plat ou sur les assiettes de service en les faisant se chevaucher
	pour la sauce mélanger
4 c. à s. d'huile d'olives	avec
2 c. à s. de vinaigre sel	en asperger les tomates et la mozzarelle, saupoudrer de
poivre noir fraîchement moulu	
2 bottes de basilic accompagnement:	laver, égoutter, ôter les feuilles de en décorer les ingrédients baguette.

Tomates à la mozzarelle

Moules sauce piquante

	peler, couper en dés
1 oignon	faire fondre
50 g de beurre	y faire revenir l'oignon, ajouter
100 g de crevettes surgelées	laisser étuver env. 3 minutes
	écaler, couper en dés
1 œuf cuit dur	laisser égoutter
200 g de moules d'Espagne (en bocal)	ajouter avec les dés d'œuf aux crevettes, laisser étuver, assaisonner avec du
sel	
poivre	
tabasco	garnir à son gré avec des rondelles d'
œuf cuit dur	et du
persil haché	
accompagnement:	baguette.

Poireaux à la sauce vinaigrette

	nettoyer, inciser en long, laver soigneusement
5 poireaux moyens	mettre dans
1 l d'eau bouillante	peler
1 gousse d'ail	ajouter, porter les poireaux à ébullition,

laisser cuire 12-15 min., égoutter et laisser refroidir, mettre sur un plat

pour la sauce vinaigrette
mélanger

3 c. à s. d'huile à salade	avec
2 c. à s. de vinaigre de vin blanc	
1 c. à t. de moutarde	assaisonner avec du
sel	
poivre	mélanger
2 c. à s. de civette finement hachée	verser la sauce vinaigrette sur les poireaux, laisser macérer 1-2 heures écaler, hacher
1-2 œufs durs	en saupoudrer les poireaux juste avant de servir.

Homard sur canapés

	mélanger en crème
40 g de beurre	
10 g de bisque de homard (extrait)	griller à son gré
4 tranches de pain de mie	

Poireaux à la sauce vinaigrette

(pour toast de préférence)	les badigeonner avec le beurre écaler, hacher
2 œufs cuits durs	y mélanger
1 c. à s. bombée de crème épaisse	assaisonner avec du
sel	
poivre	écraser grossièrement
env. 150 g de chair de homard	mettre la mayonnaise aux œufs sur les toasts, répartir la chair de homard par-dessus, mettre les canapés au homard sur des
feuilles de laitue lavées	garnir avec des
rondelles de citron persil	

Escargots à la bourguignonne

	laver à l'eau chaude les coquilles de
24 escargots (en boîte)	laisser égoutter
	mettre 1/2 c. à t. de jus d'escargot dans chaque coquille, ajouter les escargots battre en crème
60-80 g de beurre	peler
1/2 oignon	
1 gousse d'ail	
2 échalotes	hacher finement, ajouter au beurre avec
1 c. à s. de persil haché	bien mélanger, assaisonner avec du
poivre	remplir les coquilles avec le beurre à l'ail, placer dans des coupes plates allant au four (emplies de sel), ou dans des plats à escargots, mettre sous le gril à four préchauffé
four électrique:	225-250
four à gaz:	5-6
temps de chauffage:	10-15 minutes.

Crevettes sur fonds d'artichauts

	laisser égoutter
8 fonds d'artichauts (en bocal)	répartir sur un plat de service, asperger de
jus de citron	
sauce Worcester	laisser dégeler à température ambiante
150 g de crevettes surgelées	répartir sur les fonds d'artichauts, mettre le tout sur des
feuilles de laitue lavées	
	pour la sauce mélanger

Céleri en branches au roquefort

4-5 c. à s. de ketchup	avec
3 c. à s. de crème fraîche	
1 c. à s. d'eau-de-vie	assaisonner avec du
sel	
poivre	
sucre	verser la sauce sur les crevettes couper en rondelles des
olives fourrées au poivron	en garnir les fonds d'artichauts.

Crabe en ramequins

(6 personnes)

	mélanger
300 g de chair de crabe fraîche	avec le zeste de
1 citron (non traité)	
3 c. à s. de jus de citron	
2 c. à s. de fenouil finement haché	assaisonner avec
3 c. à s. de sherry medium	

Avocats au crabe ou aux crevettes

2 avocats mûrs	laver, sécher, couper en deux, dénoyauter, vider en laissant une marge de 1 cm couper la chair en petits morceaux, asperger de
jus de citron	
	pour la sauce salade faire fondre
1 c. à s. de beurre	mélanger avec
2 c. à s. de crème épaisse	
1 c. à s. de lait	
1 c. à t. de fenouil finement haché	assaisonner avec du
sel	
poivre	
jus de citron	
sauce Worcester	
	pour la garniture laver, sécher, ôter les pédoncules de
3 tomates moyennes	couper en deux, épépiner, couper en petits dés mélanger à la sauce avec les dés d'avocats et de tomates
100 g de chair de crabe ou de crevettes	laisser macérer la garniture saupoudrer les moitiés d'avocat avec du
sel à l'oignon	remplir avec la préparation au crabe mettre les avocats sur des
feuilles de laitue lavées	garnir avec des
rondelles de citron feuilles de fenouil accompagnement:	baguette ou toasts
variante:	répartir la sauce sur la garniture.

Avocats au crabe ou aux crevettes

poivre	laisser macérer le crabe à couvert durant une heure, mélanger de temps en temps (ôter le zeste de citron), verser dans 6 petits ramequins plats (diamètre 8 cm env.), presser légèrement faire fondre (ne doit pas mousser)
100 g de beurre	verser sur le crabe, laisser refroidir garnir les ramequins avec des
feuilles de fenouil rondelles de citron accompagnement:	toasts chauds.

Céleri en branches au roquefort

	laver, nettoyer, sécher
4 branches de céleri (sans le vert)	mettre sur un plat de service, saupoudrer de
sel	asperger de
jus de citron	écraser à la fourchette
100 g de fromage de roquefort	y ajouter peu à peu en remuant
2-3 c. à s. de crème fraîche	jusqu'à obtention d'une préparation souple, décorer les branches de céleri de cette préparation à l'aide d'une douille.

Canapés au caviar

Canapés au caviar

	mélanger en crème
75 g de beurre	écraser la moitié de
env. 50 g de caviar	
(en bocal)	mélanger au beurre
	badigeonner avec le beurre de caviar
8 très fines tranches	
de baguette	mettre le reste du beurre dans une douille au bout denté, décorer le bord des canapés en couronnes, mettre le reste du caviar au centre
	garnir les assiettes avec des
rondelles de citron vert	
rondelles d'oignon	
feuille de fenouil	

Pastèque à la salade de volaille
(8 personnes)

| | laver, sécher, couper en long |
| **1 pastèque** | couper chaque moitié en 4 parts égales détacher la chair à la cuillère de telle sorte qu'il reste une marge de 1 cm sur l'écorce, épépiner la chair ôtée, couper en petits dés, bien égoutter, mettre les |

barquettes de pastèque au froid
couper en petits morceaux

| **250 g de viande de volaille cuite froide** | nettoyer, laver, couper en tranches |
| **250 g de champignons de Paris** | faire fondre |

Pastèque à la salade de volaille

1 c. à s. de beurre	y faire étuver 10 min les champignons, épicer avec du
sel	
poivre	
jus de citron	laisser refroidir, mélanger la chair de pastèque et de volaille avec
2 c. à s. de mayonnaise	répartir régulièrement la salade sur les barquettes de pastèque bien fraîches, garnir avec du
persil	
variante:	épicer les ingrédients de la salade avec quelques gouttes de sauce Worcester ou de tabasco avant d'incorporer la mayonnaise.

Champignons à la grecque

Fenouil à l'italienne
(env. 8 personnes)

	porter à ébullition
500 ml d'eau salée	nettoyer, couper en deux
4 fenouils	les mettre à l'eau, porter à ébullition, laisser cuire mettre les fenouils sur un plat chaud, recouvrir de
50 g de beurre bruni	saupoudrer de
parmesan râpé	
temps de cuisson:	20-30 minutes.

Saumon fumé Altona
(10 personnes)

	pour la garniture battre fermement
250 ml de crème fraîche	mélanger avec

Saumon fumé Altona

4-5 c. à s. de raifort râpé (en bocal)	assaisonner avec du
jus de citron	
sel	mettre dans une douille asperger avec un peu de jus de citron
10 fines tranches de saumon fumé	former des cornets, y introduire la crème fraîche au raifort mettre les cornets fourrés sur le plat de service, décorer avec des
feuilles de fenouil	ajouter le reste de crème au raifort.

Champignons à la grecque

	nettoyer, laver, couper en rondelles
500 g de champignons de Paris	peler, couper en dés
1 oignon	porter à ébullition
125 ml d'eau	avec
4 c. à s. d'huile d'olives	
1 feuille de laurier	
thym effeuillé	y ajouter champignons et oignons, épicer avec du
sel	
poivre	laisser étuver complètement ajouter
125 ml de vin blanc	
1-2 c. à s. de concentré de tomates	épicer avec du sel, poivre, laisser refroidir un peu, saupoudrer les champignons de
1 c. à s. de persil haché	
temps de cuisson:	8-10 minutes
accompagnement:	baguette.

Asperges à la sauce fouettée

Asperges à la sauce fouettée

	laisser égoutter
env. 28 têtes d'asperges cuites	mettre au chaud chauffer
50 g de beurre ou de margarine	y faire dorer des deux côtés
4 tranches de pain de mie(de préférence pour toasts)	
	pour la sauce fouettée battre au bain-marie
2 jaunes d'œufs	avec
3 c. à s. d'eau tiède	jusqu'à ce que la préparation épaississe (ne pas laisser bouillir) incorporer en soulevant
2 c. à s. de crème fraîche battue fermement	assaisonner la sauce avec
sel	
poivre	
jus de citron	mettre les toasts sur des
feuilles de laitue lavées	répartir les asperges par-dessus, verser un peu de sauce par-dessus, servir le reste de sauce à part couper en fins copeaux

100 g de jambon cru ou cuit	répartir sur les toasts, saupoudrer de
persil haché	

Légumes marinés à la crème d'avocat

	nettoyer, laver
250 g de champignons de Paris	nettoyer, peler les tiges, laver
375 g de brocoli	ôter les taches noires de
4-6 branches de céleri	couper le sommet, laver les branches, couper en tronçons de 5 cm nettoyer, couper en deux, laver
2-3 poireaux	couper en tronçons de 5 cm sur 1/2 cm d'épaisseur couper en deux, ôter le pied de
1-2 poivrons rouges	épépiner, ôter les peaux blanches, couper en lanières de 1/2 cm d'épaisseur couper en quatre ou en six, ôter
2-3 fenouils	éventuellement les taches noires de laver les morceaux porter les légumes les uns après les autres à ébullition dans de l'
eau salée bouillante	changer l'eau, faire cuire les fenouils dans de l'eau avec

2 c. à s. de jus de citron	bien égoutter les légumes, placer dans la lèchefrite
	pour la marinade peler
1 oignon **1-2 gousses d'ail**	couper l'oignon en dés, écraser l'ail, mélanger avec
4 c. à s. d'huile **4 c. à s. de vinaigre de vin blanc** **sel** **poivre**	assaisonner avec du verser sur les légumes, de temps en temps, faire couler la marinade vers un coin de la lèchefrite, répartir à nouveau sur les légumes, laisser macérer quelques heures
temps de cuisson pour les champignons: **pour le brocoli:**	environ 1 minute environ 3 minutes, 5 minutes pour les plus gros
pour les branches de céleri: **pour les poireaux:** **pour les carottes:** **pour les poivrons:** **pour le fenouil:**	environ 1 minute 2-3 minutes 3-5 minutes environ 1 minute environ 7 minutes
	pour la crème à l'avocat peler, couper en deux, dénoyauter
1 avocat mûr	mixer la chair, ou l'écraser à la fourchette, asperger de
1 c. à s. de jus de citron	mélanger
150 g de crème épaisse	
150 g de yaourt **1 gousse d'ail** **1 c. à s. de persil haché** **1 c. à s. de fenouil haché** **1 c. à s. de civette finement haché**	peler, écraser, ajouter à la crème mélanger assaisonner la crème à l'avocat avec
jus de citron **jus d'oignon** **sel** **poivre**	mettre les légumes sur un grand plat, décorer avec du
persil **accompagnement:**	ajouter la crème à l'avocat petits pains ronds, baguette, beurre.

Tomates farcies

	laver, sécher, ôter le chapeau de
8 tomates moyennes fermes	vider le cœur, passer au tamis, ajouter de l'eau pour obtenir 500 ml,

sel	saupoudrer l'intérieur des tomates avec du
	pour fourrer nettoyer, laver, couper en deux
250 g de champignons de Paris **1 petit oignon** **1 c. à s. de beurre ou de margarine**	couper en tranches peler, couper en dés faire fondre y laisser étuver les champignons et l'oignon ajouter
1 œuf **40 g de farine gruau** **sel** **poivre** **1 c. à s. de persil haché**	assaisonner la préparation avec mélanger garnir les tomates avec la préparation, poser les chapeaux par-dessus faire fondre
60 g de margarine	y placer les tomates les unes à côté des autres, faire cuire doucement, disposer sur un plat chaud, tenir au chaud chauffer en tournant dans la matière grasse
35 g de farine	jusqu'à ce qu'elle blondisse, ajouter la chair de tomates liquide, battre au fouet en veillant à éliminer les petits grumeaux, porter la sauce à ébullition, faire bouillir environ 3 minutes, assaisonner avec sel, poivre ajouter
1 c. à s. à peine bombée de concentré de tomates **temps de cuisson:**	servir les tomates dans la sauce environ 20 minutes.

Tomates farcies

Tartelettes au céleri

	laisser égoutter
8 tranches de céleri (en boîte)	les découper avec un emporte-pièce ou un verre (diamètre 8 cm) pour qu'elles soient plus appétissantes poser les tartelettes sur un plat, asperger de
jus de citron	saupoudrer de
sel	écaler
1 œuf cuit dur	couper en petits dés
1 gros cornichon	
100 g de jambon cuit	
100 g de céleri (restant de la boîte)	

pour la mayonnaise
battre en une préparation épaisse

Tartelettes au céleri

1 jaune d'œuf	avec
1-2 c. à t. de moutarde	
1 c. à s. de vinaigre ou de jus de citron	
sel	ajouter peu à peu en battant
125 ml d'huile	mélanger les ingrédients émincés à la mayonnaise, répartir la salade sur les tartelettes de céleri disposer sur les
feuilles de salade à la vinaigrette	garnir avec du
persil	
variante:	remplacer la mayonnaise par une sauce salade composée de 3 c. à s. d'huile, 1-2 c. à s. de jus de citron, un peu de sel, un peu de sucre.

Œufs Rossini

	battre
4 blancs d'œufs	en neige avec du
sel	répartir la neige régulièrement dans un moule à soufflé graissé marquer quatre puits dans l'œuf battu en neige, dans chaque puits répartir un peu de
50 g de fromage suisse râpé	mettre un des
4 jaunes d'œufs	sur chaque puits, répartir le reste du fromage autour des jaunes d'œufs répartir des flocons de
beurre	et mettre la forme au four préchauffé
four électrique:	175-200
four à gaz:	3-4
temps de cuisson:	environ 15 minutes.

Harengs Bornholm

	éplucher
1 pomme sûre	et en retirer le cœur avec un vide-pomme couper la pomme en 4 rondelles faire chauffer
100 ml de vin blanc	y mettre les rondelles de pommes à cuire rapidement (elles ne peuvent pas devenir trop molles) laisser refroidir les rondelles de pomme dans le vin blanc, les égoutter et les disposer sur un plat enrouler
4 filets de jeunes harengs	les poser droit sur les rondelles de pomme garnir chaque rouleau avec 1 c. à s. prélevée sur
4 c. à s. d'airelles	mélanger
150 g de crème	

Truite fraîcheur

épaisse	avec un peu de vin blanc de cuisson de la pomme
	garnir les filets avec cette sauce
accompagnement:	pain de campagne, beurre.

Truite fraîcheur
(1 personne)

	laver, égoutter
1 feuille d'endive	
1 feuille de chicorée	mettre sur une assiette à dessert avec
1 tranche d'orange	peler, dresser sur les salades
1 filet de truite fumé	asperger de
1 c. à t. de jus de citron	placer sur la salade à côté du filet
1 c. à t. de raifort râpé (en bocal)	mélanger
1 c. à s. de crème	

épaisse	avec
1 c. à t. de fenouil	
finement haché	assaisonner avec du
jus de citron	
sel	
poivre	verser sur le filet de truite
accompagnement:	toasts.

Figues fraîches à la viande des Grisons (Illustr. p. 16-17)

	laver à l'eau froide courante
4 figues fraîches	sécher, couper en deux
	disposer sur un plat avec
125 g de viande des Grisons coupée en tranches très fines	
accompagnement:	toast ou pain blanc, beurre.

POTAGES

Tantôt chauds — tantôt froids
(Recette p. 33)

Potage russe

(4-6 personnes)

	mélanger
375 ml de jus de concombre (frais pressé à partir de 1 concombre non pelé)	avec
450 g de crème aigre	laver
1/2 concombre	ôter les pieds de
1/2 poivron rouge	
1/2 poivron vert	épépiner, ôter les peaux blanches, laver les moitiés de poivrons laisser égoutter
env. 200 g de betterave rouge (en bocal)	couper les 3 ingrédients en dés écaler, hacher fin
2 œufs cuits durs	laver, éponger, couper fin
2 bouquets de civette	mélanger les ingrédients au jus de concombre et à la crème assaisonner le potage avec
env. 3 c. à s. de vodka	
poivre fraîchement moulu	servir bien froid.

Potage à l'avocat aux amandes effilées

Potage à l'avocat aux amandes effilées

	couper en deux, dénoyauter
2 avocats mûrs	détacher la chair de l'écorce, passer au tamis, mélanger aussitôt avec
2 c. à s. de jus de citron	faire chauffer
250 ml de bouillon de poule instantané	ajouter
3 c. à s. de vin blanc	faire chauffer en même temps
100 ml de crème fraîche	mélanger la purée d'avocats (ne pas faire bouillir), assaisonner avec du
sel	
poivre fraîchement moulu	laisser refroidir répartir le potage dans quatre bols, saupoudrer d'
amandes mondées, effilées et grillées	

Potage russe

Potage Vichy

	amener à ébullition
1 l de bouillon de viande instantané	éplucher, laver, couper
500 g de pommes de terre	nettoyer, laver, couper en rondelles
1-2 poireaux	mettre les deux ingrédients dans le bouillon de viande, amener à ébullition et laisser cuire ± 25 min., passer la soupe au mixer, y ajouter
125 ml de crème	

fraîche	assaisonner avec
poivre	
arôme	servir froid.

Potage glacé au vin blanc et aux figues

env. 250 g de figues (en boîte)	laisser égoutter
	allonger le jus avec de l'eau jusqu'à 500 ml
	porter à ébullition avec
2 rondelles de citron (1/2 cm d'épaisseur env., non traité)	
1 bâton de cannelle	
un peu de cardamome en poudre	
1-2 c. à s. de sucre	ajouter
30 g de sagou	faire gonfler 15 min. environ, ôter le potage du feu, ôter les rondelles de citron et la cannelle
	ajouter
500 ml de vin blanc	couper les figues en bandes, mettre dans le potage, servir glacé.

Melons glacés rafraîchissants

1 gros melon	couper en deux, épépiner détacher la chair de l'écorce avec une cuillère à soupe, mixer ajouter
250 ml de vin blanc	
1-2 c. à s. de sucre	
3-4 c. à s. de jus de citron	
250 g de raisins noirs	laver, couper en deux, épépiner répartir dans l'écorce froide du melon servir bien froid.

Potage au concombre

1 petit concombre	peler, écraser finement ou mixer assaisonner avec du
sel	
poivre	
1 gousse d'ail pelée et écrasée	laisser macérer ajouter
450 g de yaourt	mélanger, assaisonner avec des
épices	saupoudrer avec du
persil finement haché	servir le potage très froid avec
glace pilée	

Potage glacé au vin blanc et aux figues

Gaspacho

	laisser détremper à l'eau froide
2 tranches de pain blanc	couper en deux, ôter le pied de
1 poivron rouge	
1 poivron vert	épépiner, ôter les peaux blanches, laver les poivrons
	peler
1/2 concombre	plonger rapidement dans de l'eau bouillante (ne pas faire cuire)
3 tomates	les plonger à l'eau froide et les peler couper les 3 ingrédients en morceaux, mixer avec le pain bien détrempé
2 gousses d'ail pelées	épicer avec du
sel	
poivre	ajouter peu à peu
3 c. à s. d'huile	bien mélanger, assaisonner le potage

Gaspacho

	avec
2-3 c. à s. de vinaigre	
épices	servir très froid.

Soupe paysanne espagnole
(6-8 personnes)

	laver, éponger, couper en dés
250 g de viande de bœuf	
250 g de viande d'agneau	faire chauffer
3-4 c. à s. d'huile	y faire revenir la viande de tous côtés
	peler, couper en dés
1 oignon	ajouter à la viande, faire rôtir ensemble, épicer avec du
sel	
poivre	
thym effeuillé	
basilic effeuillé	
poudre d'ail	ajouter
2,5 l de bouillon de bœuf instantané	porter à ébullition, faire cuire environ 30 minutes
	peler, laver
200 g de pommes de terre	
200 g de carottes	couper les 2 ingrédients en dés nettoyer, laver soigneusement
2 poireaux	couper en rondelles, laver encore mettre les 3 ingrédients dans le potage, porter à ébullition, faire cuire env. 30 minutes
	env. 10 minutes avant la fin de la cuisson, ajouter
300 g de petits pois surgelés	couper en rondelles

Soupe paysanne espagnole

2 saucisses fumées	couper en lanières
100 g de jambon cru	ajouter les 2 ingrédients peu de temps avant la fin de la cuisson, faire chauffer en même temps, saupoudrer le potage de
persil haché	
temps de cuisson:	environ 75 minutes.

Potage froid à la crème d'avocat
(Illustr. p. 28-29)

2 avocats mûrs	laver, bien sécher, couper en deux dénoyauter, détacher délicatement la chair, couper en petits dés asperger de
1 c. à s. de jus de citron	porter à ébullition
750 ml de bouillon de viande instantané	y mettre les dés d'avocat, porter à ébullition, faire cuire en 5 minutes, passer au tamis fin ou mixer assaisonner avec du
sel	
poivre	
vin blanc	faire chauffer encore une fois rapidement incorporer
2 c. à s. de crème épaisse	laisser refroidir servir le potage saupoudré de
1/2 c. à s. de feuilles de fenouil hachées	
1 c. à t. de piment	

Borchtch

	laver, peler, couper en dés
1 kg de betteraves rouges	
sel	saupoudrer de laisser macérer un moment porter à ébullition
2 l d'eau	laver
500 g de viande de bœuf	mettre à l'eau bouillante avec
250 g de lard gras	porter à ébullition, faire cuire environ 30 minutes peler
100 g d'oignon	peler, laver
250 g de pommes de terre	nettoyer, peler, laver
250 g de céleri rave	couper les 3 ingrédients en dés nettoyer, laver, couper en petits morceaux
250 g de chou de Milan	nettoyer, couper en deux, laver soigneusement, laver encore
1 poireau	après 90 minutes de cuisson, ôter la viande, la couper en petits dés, remettre

Borchtch

	dans le jus avec les autres ingrédients, laisser cuire encore 60 minutes assaisonner le potage avec du
sel	
poivre	
glutamate	
épices	
2-3 c. à s. de vinaigre sauce Worcester	mélanger
150 g de crème épaisse	ajouter à la soupe, saupoudrer à son gré de
persil haché	
temps de cuisson:	environ 2 1/2 heures.

Consommé royal

	battre
2 œufs	avec
4 c. à s. de lait froid	
sel	
noix de muscade râpée	verser dans un récipient beurré, fermer avec du papier d'alu, mettre au bain-marie bouillant, reporter l'eau à ébullition, fermer la casserole avec un couvercle (ne plus faire bouillir l'eau), renverser la préparation lorsqu'elle est

	devenue solide, couper en dés
	porter à ébullition
1 l de bouillon de bœuf instantané	couper en fines bandes
50 g de saumon fumé	mettre dans le bouillon avec
100 g de petits pois étuvés	et les cubes d'œufs, chauffer
	saupoudrer le potage de
persil finement hâché	
temps de cuisson:	environ 30 minutes.

Potage aux légumes à la crème

	peler, couper en dés
2 oignons moyens	faire fondre
40 g de margarine	y faire revenir les oignons
	verser
1 l de bouillon de viande instantané	porter à ébullition
	ajouter
750 g de légumes préparés (par ex. poireau, carottes, chou rave, céleri rave)	épicer avec du

Potage aux légumes à la crème

	sel
	poivre
	noix de muscade en
poudre	porter à ébullition, faire cuire 15-20 minutes
	passer le potage au tamis ou mixer (laisser éventuellement un peu de poireau et de céleri)
	réchauffer
	battre
2 jaunes d'œufs	avec
4 c. à s. de sherry	verser dans la soupe, avec les poireaux et le céleri haché fin, répartir dans les tasses à potage
	sur chacune, verser un peu de
150 g de crème épaisse	

Soupe à la tomate

	peler, couper en dés
250 g d'oignons	faire fondre
40 g de margarine	y faire revenir les oignons
	plonger rapidement à l'eau bouillante (ne pas faire cuire) 2 tomates prélevées sur
1,5 kg de tomates	plonger à l'eau froide, ôter le pédoncule, peler, couper en 2, épépiner, couper les moitiés de tomates en petits morceaux, laver le reste des tomates, les couper en 8, ajouter aux oignons, faire revenir en même temps
	ajouter
250 ml de bouillon de bœuf instantané	faire cuire, passer les légumes au tamis, assaisonner la soupe avec
sel	
poivre	
1 c. à t. de marjolaine en poudre	ajouter
2 c. à s. de crème épaisse	
125 ml de vermouth sec	nettoyer, laver
1 petite botte de cresson	décorer le potage avec le cresson et les morceaux de tomate réservés
accompagnement:	riz à la vapeur.

Potage de minuit
(8-10 personnes)

	laver
250 g de viande de bœuf	
250 g de viande de porc	éponger, couper en dés

au bout de 15 minutes de cuisson,
mettre les légumes dans le potage, faire
cuire
5 minutes avant la fin de la cuisson,
ajouter avec le liquide

425 g de haricots blancs (en boîte)	
425 g de haricots rouges (en boîte)	faire chauffer rapidement épicer le potage avec du sel, du poivre, du tabasco, de la sauce Chili, du poivre de Cayenne
temps de cuisson:	environ 1 heure.

Potage-party piquant
(4-6 personnes)

	laver
250 g de viande de bœuf	
250 g de viande de porc	éponger, couper en dés faire chauffer
3-4 c. à s. d'huile	faire revenir la viande de tous côtés peler, couper en 2 éventuellement,
250 g d'échalotes	ajouter à la viande, faire mijoter un moment ensemble ajouter
2 c. à s. de concentré de tomates (en tube)	épicer avec du
sel	
poivre	
glutamate	
paprika doux	
marjolaine en poudre	verser
750 ml d'eau	
250 ml de vin rouge	faire cuire le potage plonger rapidement à l'eau bouillante (ne pas faire bouillir)
2-3 tomates	plonger à l'eau froide, peler, ôter les pieds, couper en dés, nettoyer, laver, couper en fines rondelles, laver encore
1 poireau	15 minutes avant la fin de la cuisson ajouter dans le potage avec
340 g de maïs en grains avec le liquide (en boîte)	faire cuire en même temps épicer le potage avec du sel et du poivre
temps de cuisson:	environ 60 minutes.

Potage de minuit

	faire fondre
50 g de saindoux	y faire revenir la viande de tous côtés peler, couper en 2, ajouter à la viande, laisser mijoter quelques instants
250 g d'oignons	épicer avec du
sel	
poivre	
paprika fort	
tabasco	
glutamate	
sauce Chili	
poivre de Cayenne	ajouter du
madère	
1 l de bouillon de bœuf instantané	faire cuire, nettoyer, laver, couper en fines rondelles, laver encore une fois
1 poireau	couper en 4, ôter le pied, épépiner, ôter les peaux blanches, laver
1 poivron rouge	nettoyer, peler, laver
125 g de céleri	nettoyer, gratter, laver
2 carottes	couper les 3 ingrédients en lanières

SALADES
Des salades qui enthousiasment
(Recette p. 40)

Salade de champignons à la mayonnaise au basilic

Salade de champignons à la mayonnaise au basilic

	faire gonfler
15 g de bolets secs	dans
125 ml d'eau tiède	nettoyer, laver, bien égoutter
250 g de champignons de Paris ou de girolles	(couper en deux ou en rondelles les plus gros champignons) laver, éponger
200 g de blanc de poulet	faire chauffer
2 c. à s. d'huile	y faire revenir 5 min le poulet de tous les côtés épicer avec du
sel, poivre	ôter de la poêle, faire refroidir, couper en lanières, cuire les champignons dans le jus, épicer avec du sel, poivre, ajouter les bolets avec l'eau de réhydratation, faire cuire environ 5 min, laisser refroidir nettoyer, laver, couper en fines rondelles
1 botte de petits oignons de printemps	mélanger les ingrédients de la salade, mettre dans un saladier
	pour la mayonnaise au basilic battre en une préparation épaisse
1 jaune d'œuf	avec
1 c. à t. de moutarde	
1 c. à s. de vinaigre ou de jus de citron	
sel	ajouter peu à peu en battant
125 ml d'huile	
2 c. à s. de crème épaisse	

| **2 c. à s. de basilic finement haché poivre fraîchement moulu** | épicer avec du sel bien mélanger. |

Salade de céleri aux pommes
(4-6 personnes)

	nettoyer, laver, bien égoutter
1/2 frisée	nettoyer, laver, couper en fines rondelles
500 g de céleri en branches	couper en 8, épépiner, couper en fines rondelles
2 pommes rouges moyennes	
	pour la sauce salade mélanger
150 g de yaourt entier	avec
1-2 c. à s. de raifort râpé (en bocal)	
3-4 c. à s. de jus de citron	assaisonner avec du
sel	
2-3 c. à t. de sucre	battre fermement
125 ml de crème fraîche	ajouter en soulevant
100 g de cerneaux de noix	(en réserver quelques-uns pour la garniture) hacher grossièrement, ajouter le céleri et les pommes, remplir un saladier, décorer avec les noix réservées.

Salade de céleri aux pommes

Salade de courgettes à la hongroise

	2 c. à s. d'eau	
	1/2 c. à t. de	
	moutarde	assaisonner avec
	sel	
	poivre	mélanger
	1 c. à s. de **civette**	
	finement	
	hachée	
	1 c. à s. de **fenouil**	
	finement	
	haché	mélanger la sauce à la salade
		écaler, couper en huit
	2 œufs cuits durs	écraser grossièrement
	150 g de **fromage de**	
	brebis	
	bulgare	mélanger délicatement la moitié du fromage et les œufs à la salade, saupoudrer le reste du fromage par-dessus
	accompagnement:	pain au sésame.

Salade au thon et à l'ananas

		porter à ébullition
	750 ml d'eau salée	y verser
	75 g de **riz à grains**	
	longs	porter à ébullition, faire gonfler en 20 minutes, égoutter, arroser d'eau froide, bien égoutter
		laisser égoutter
	4 tranches d'**ananas**	
	(en boîte)	couper en petits morceaux
		écraser
	150 g de **thon**	
	à l'huile (en boîte)	laisser égoutter
	125 g de **petits pois**	
	étuvés	
	(en boîte)	mélanger les ingrédients de la salade, assaisonner avec
	env. 2 c. à s. de	
	vinaigre	
	sel, sucre	garnir la salade avec du
	persil	

Salade de courgettes à la hongroise

		laver, sécher, couper en rondelles
	250 g de **courgettes**	
	4 tomates	(ôter le pied des tomates) couper en 4, équeuter, épépiner
	2 poivrons verts	ôter les peaux blanches, laver, couper en lanières
		peler
	1 oignon	couper en rondelles ainsi que
	8-10 olives	
		pour la sauce salade
		mélanger
	4 c. à s. d'**huile**	avec
	1 c. à t. d'**essence de**	
	vinaigre (25 %)	

Salade de riz et de poisson

		porter à ébullition
	750 ml d'eau salée	y verser
	75 g de **riz à grains**	
	longs	porter à ébullition, faire gonfler en 20 minutes, égoutter, arroser d'eau froide, bien égoutter
		écraser grossièrement
	250 g de **filet de**	
	poisson cuit	laisser égoutter
	3 tranches de **céleri**	peler, couper en 4, épépiner
	1 pomme	peler
	1 oignon	couper en dés, en même temps que
	50 g de **gouda**	

Salade de riz et de poisson

	pour la sauce salade
	mélanger
3 c. à s. d'huile	avec
5 c. à s. de vinaigre	assaisonner avec
sel	
curry en poudre	mélanger soigneusement aux ingrédients, bien laisser macérer.

Salade des gourmets (Illustr. p. 36-37)

	trier, laver soigneusement 5-6 fois
50 g de jeunes épinards	égoutter
	nettoyer, laver, égoutter, couper en petites feuilles
1/2 salade frisée	laver, couper en rondelles
1/2 concombre	nettoyer, laver, égoutter, couper en rondelles
1 botte de radis	couper horizontalement, équeuter, ôter les peaux blanches, laver
1 poivron vert	couper en anneaux
	peler, couper en tranches
1 oignon	nettoyer, laver
100 g de mange-tout	nettoyer, gratter, laver couper en rondelles
2 carottes	nettoyer, laver, couper en fines rondelles
100 g de champignons de Paris	frotter un saladier avec
1 gousse d'ail pelée	y disposer les ingrédients
	pour la sauce salade
	mélanger
6-8 c. à s. d'huile d'olive	avec
3 c. à s. de vinaigre de vin	assaisonner avec du
sel	incorporer
2 c. à s. de poivre	

vert	
1 c. à s. de civette hachée	
1 c. à s. de cerfeuil haché	répartir sur les ingrédients de la salade.

Plateau de salades
(4-6 personnes)

	ôter les feuilles abîmées de
1 petite laitue	détacher les autres du cœur, couper les grandes feuilles, laisser les feuilles du cœur telles quelles, laver la laitue, bien égoutter ou centrifuger
	couper en deux, ôter le pied de
1 poivron rouge	
1 poivron vert	épépiner, ôter les peaux blanches, laver les poivrons, couper en lanières
	laver, sécher, ôter les pédoncules, couper en rondelles
4 grosses tomates	peler, couper en anneaux
3-4 oignons	laver, sécher, couper en fines rondelles
1/2 concombre	laisser égoutter
300 g de maïs en grains (en boîte)	
285 g de thon (en boîte)	répartir les ingrédients de la salade sur un grand plateau
	pour la sauce salade
	mélanger
300 g de crème épaisse	avec
2-3 c. à s. de ketchup	assaisonner avec
2-3 c. à s. de lait	
sel, poivre	répartir sur les ingrédients
	saupoudrer de
persil haché	
fenouil haché	
civette hachée	

Salade du pêcheur à la crème fraîche au fenouil

Salade du pêcheur à la crème fraîche au fenouil

200 g de crevettes	au centre d'un grand plat, mettre en dôme écaler, couper en 2 dans le sens de la longueur
3-4 œufs cuits durs	hacher grossièrement le blanc, passer le jaune au tamis, disposer les deux ingrédients en couronne autour des crevettes disposer autour
1 petite botte de cresson lavé et coupé	laisser égoutter
300 g de betterave rouge en conserve	disposer en couronne autour du cresson
	pour la crème au fenouil mélanger
150-200 g de crème épaisse	avec
3-4 c. à s. de feuilles de fenouil haché	assaisonner avec du
sel	
poivre	servir la sauce à part
accompagnement:	pain complet, ou toasts et beurre.

Salade de haricots

	laisser égoutter, recueillir le jus de
300 g de haricots blancs (en boîte)	
300 g de haricots	
rouges (en boîte)	
280 g de haricots verts (en boîte)	
2-3 oignons rouges	peler, couper en dés
	pour la sauce salade mélanger
4-5 c. à s. d'huile	avec
3-4 c. à s. de jus de haricots	assaisonner avec du
sel	
poivre	
2 c. à s. de civette finement hachée	
un peu de sarriette hachée	
un peu de bourrache hachée	mélanger les ingrédients de la salade à la crème, bien laisser macérer, assaisonner encore une fois.

Champignons de Paris

	nettoyer, laver, couper en 4
500 g de champignons de Paris	faire cuire dans

Salade de haricots

un peu d'eau	épicer avec du
sel	
poivre	laisser refroidir, couper en lanières
200 g de tranches de	
rosbif	écaler, couper en dés
2 œufs cuits durs	mélanger les deux ingrédients aux champignons
	pour la sauce salade
	mélanger
4 c. à s. d'huile	avec
2 c. à s. de vinaigre	
aux herbes	
1-2 c. à s. de ketchup	
4-5 c. à s. de crème	
fraîche	
1 c. à t. d'eau-de-vie	assaisonner avec du
sel	
poivre	mélanger
2 c. à s. de persil	
haché	mélanger avec les ingrédients de la salade, laisser macérer environ 20 minutes au réfrigérateur, assaisonner la salade avec du sel, poivre et garnir avec des
rondelles d'œuf	
persil	
temps de cuisson:	environ 10 minutes.

Batavia et kiwi en salade

	ôter éventuellement les feuilles fânées de
1/2 batavia	détacher les autres du cœur
	découper en morceaux, laver, égoutter
2-3 courgettes	peler
3 kiwis	couper les deux ingrédients en rondelles
	nettoyer, laver, couper en morceaux de

Batavia et kiwi en salade

Salade de paysans à l'italienne

	3 cm d'épaisseur
200 g de céleri en	
branche	couper en lanières
125 g de jambon	
	pour la sauce salade
	mélanger
3 c. à s. d'huile	avec
4 c. à s. de jus de	
citron	assaisonner avec du
sel, poivre, sucre	mélanger
1 c. à s. d'estragon	
haché	mélanger aux ingrédients saupoudrer sur la salade
30 g de pistaches	

Salade de paysans à l'italienne
(4-6 personnes)

	laisser égoutter
env. 250 g de haricots	
verts	
(en boîte)	
250 g de pois chiches	
(en boîte)	
250 g de haricots	
blancs	
(en boîte)	peler, couper en deux, couper en rondelles
1 gros oignon	laver, essuyer, ôter le pédoncule, couper en huit
200 g de tomates	couper en lanières
150 g de salami en	
tranches	
	pour la sauce salade
	mélanger
6 c. à s. d'huile	
3 c. à s. de vinaigre	

Salade de maïs

Salade de maïs

250 g de tomates	plonger rapidement à l'eau bouillante (ne pas faire cuire) plonger à l'eau froide, peler, couper en dés laisser égoutter
env. 275 g de maïs en grains (en boîte)	
env. 250 g de chair de crabe frais	
	pour la sauce salade peler, couper en dés
1 oignon	mélanger avec
3 c. à s. d'huile	
1 c. à t. d'essence de vinaigre (25 %)	
4 c. à t. d'eau	assaisonner avec
sel	
poivre	mélanger à la sauce
1 bouquet de persil finement haché	
1 bouquet de civette finement hachée	mélanger aux ingrédients de la salade, assaisonner éventuellement la salade avec du sel et du poivre.

de vin	
1 c. à t. de moutarde	assaisonner avec du
sel, poivre	mélanger
1 c. à t. d'estragon haché	mélanger aux ingrédients de la salade, bien laisser macérer, assaisonner encore une fois.

Salade au camembert

1 camembert	couper en deux couper en tranches à partir du petit côté *pour la sauce salade* mélanger
2 c. à s. d'huile	avec
2 c. à s. de vinaigre	
1 c. à s. d'eau	assaisonner avec du
sel, poivre	ajouter
1 c. à s. d'herbes hachées	mélanger avec le camembert nettoyer
1 petit fenouil	peler
env. 50 g de céleri rave	laver les deux ingrédients peler, couper en 4, épépiner
1 pomme acide	couper les trois ingrédients en tranches fines, ajouter au camembert, bien laisser macérer laver, bien égoutter, couper fin
4-5 feuilles de laitue	juste avant de servir, ajouter au reste de la salade avec
2 c. à s. de crème aigre	
1 c. à s. de noix hachées	assaisonner avec
sel, poivre	
jus de citron	répartir la salade sur des
feuilles de laitue lavées	

Salade de poivrons au fromage de brebis

3 poivrons verts	couper en deux, ôter le pied de épépiner, ôter les peaux blanches, laver, couper en lanières plonger rapidement à l'eau bouillante (ne pas faire cuire)
400 g de tomates	plonger à l'eau froide, ôter les pédoncules, peler, couper en huit peler, couper en deux, couper en rondelles
2-3 gros oignons	répartir les ingrédients dans un saladier écraser, répartir par-dessus
200 g de fromage de brebis	
	pour la sauce salade mélanger
3 c. à s. d'huile	avec
1 c. à t. d'essence de vinaigre (25 %)	
4 c. à t. d'eau	assaisonner avec du
sel, poivre	verser sur les ingrédients de la salade, laisser macérer, avant de servir, saupoudrer la salade de

2 c. à s. de civette finement hachée	

Salade piquante de pommes de terre

	peler
750 g de pommes de terre	couper en rondelles encore chaudes couper en dés
200 g de bœuf bouilli	nettoyer, couper dans le sens de la longueur, laver, couper en fines lanières
1 poireau	laisser égoutter
150 g de bolets (en boîte)	couper en deux éventuellement plonger rapidement dans de l'eau bouillante (ne pas faire cuire)
3-4 tomates	plonger à l'eau froide, ôter les pédoncules, couper en dés
	pour la sauce salade peler, couper en dés
1 gros oignon	mélanger avec
6 c. à s. d'essence de vinaigre (25 %)	
5 c. à s. d'eau	

1 c. à t. de moutarde sel poivre noir fraîchement moulu	assaisonner avec du mélanger avec les ingrédients de la salade laisser macérer la salade une heure.

Salade de harengs

	recouvrir
6 filets de harengs	avec
250 ml d'eau minérale	laisser macérer 3-4 heures, éponger, couper en tronçons de 3-4 cm peler
2 oignons env. 150 g de champignons de Paris étuvés 2-3 cornichons	couper en rondelles avec
	pour la sauce salade mélanger
150 g de crème épaisse	avec
1-2 c. à s. de yaourt 2 c. à t. de raifort râpé (en bocal)	mélanger aux ingrédients de la salade, servir dans des coupes individuelles.

Salade piquante de pommes de terre

Salade de harengs

Salade de moules Patricia

Salade de moules Patricia
(2-3 pers.)

	rincer, laisser égoutter
150 g de moules	couper en dés
100 g de cornichons	couper en deux
10 olives fourrées au poivron	
10 oignons blancs	plonger rapidement dans de l'eau bouillante (ne pas faire cuire)
2 tomates	plonger à l'eau froide, ôter le pédoncule, peler, couper en deux, épépiner, couper la chair en dés ajouter aux ingrédients
1/2 botte de feuilles de fenouil hachées	
150 g de crème épaisse	assaisonner la salade de
sel, poivre	servir sur des
feuilles de laitue lavées	

Salade Belle Jardinière
(env. 6 pers.)

	porter à ébullition
1 l d'eau salée	ajouter
200 g de riz à longs grains	porter à ébullition, faire gonfler en 20 minutes, égoutter, asperger d'eau froide, égoutter plonger rapidement à l'eau bouillante (ne pas faire cuire)
3 tomates	plonger à l'eau froide, ôter le pédoncule, peler, couper en quatre, épépiner, couper en lanières couper en deux, dénoyauter, peler, couper en dés
2 avocats	écaler, couper en dés
2 œufs cuits durs	nettoyer, laver, couper en tranches fines
100 g de champignons	

de Paris	couper en lanières
150 g de jambon cuit	frotter un grand saladier avec
1 gousse d'ail pelée	
	pour la sauce salade mélanger
3 c. à s. d'huile	avec
1 c. à s. d'essence de vinaigre aux herbes (25 %)	
4 c. à s. de vin blanc	
3 c. à s. de crème fraîche	assaisonner avec du
sel, poivre	
curry en poudre	mélanger aux ingrédients de la salade, laisser macérer environ 30 minutes, dresser dans le saladier, garnir la salade avec
roses de tomate basilic	

Salade Belle Jardinière

PATES,
TERRINES,
MOUSSES

Un raffinement dans la dégustation
(Recette p. 54)

Pâté de foies de volailles

1 kg de chair à saucisse	assaisonner avec du
sel	placer la préparation dans une terrine, bien presser pour qu'il ne se forme pas de trous d'air (ne remplir la terrine qu'aux 3/4) placer la terrine sur la grille du four préchauffé
four électrique:	150-175
four à gaz:	2-3
temps de cuisson:	30-40 minutes

pour la pâte
préparer selon le mode d'emploi du paquet

1 paquet de préparation pour pâte à pain	avec
250 ml d'eau tiède	saupoudrer la pâte obtenue avec
farine	ôter du plat, bien pétrir, étaler sur un plan de travail saupoudré de farine découper la pâte à la taille de la terrine, poser sur la terrine pré-cuite (décorer à son gré la pâte avec le restant de pâte), faire des petits pains avec le reste, cuire en même temps découper quelques trous dans le couvercle de pâte (ne pas presser) badigeonner la pâte d'eau, mettre la terrine sur la grille à four préchauffé.
four électrique:	200-225
four à gaz:	3-4
temps de cuisson:	30-35 minutes

Pâté de foies de volailles

	pour la farce peler, couper en dés
1 gros oignon	faire chauffer
2 c. à s. d'huile	y faire revenir l'oignon laver, éponger, ajouter aux oignons, bien dorer
500 g de foies de volailles	ajouter
5 c. à s. d'eau-de-vie ou de sherry dry	
1/2 c. à t. de poivre fraîchement moulu	
2 pincées de girofle en poudre	
2 pincées de noix de muscade en poudre	
1 pincée de basilic effeuillé	
1 pincée de sel de céleri	
1 pincée de coriandre en poudre	
1 c. à t. de poivre vert	
10 baies de genévrier écrasées	mélanger en une préparation souple

Mousse de jambon

	passer à la grille fine du hachoir
500 g de jambon cuit	battre en crème
125 g de beurre	ajouter le jambon
125 ml de crème fraîche	
2 c. à s. rases de concentré de tomates (en tube)	assaisonner la préparation avec
sel, poivre	mélanger
1 paquet (9 g) de gélatine en poudre	avec
5 c. à s. d'eau froide	faire gonfler 10 minutes faire chauffer
375 ml de bouillon de bœuf instantané	ôter du feu, y verser la gélatine, tourner jusqu'à ce qu'elle fonde ajouter
3 c. à s. de porto	épicer avec du sel, poivre, laisser refroidir, ajouter 6 c. à s. de liquide dans la préparation au jambon, dans un moule à cake (30 x 11 cm) rincé à l'eau froide, verser une partie du liquide jusqu'à 1 cm de hauteur, laisser prendre au réfrigérateur, garnir la couche de

gelée avec des

olives noires coupées en deux
persil

verser délicatement par-dessus quelques c. à s. de liquide, faire prendre
disposer la préparation au jambon à la taille du moule, placer sur la couche de gelée, lisser délicatement avec un couteau plongé dans l'eau froide, verser le reste de la gelée sur une assiette, laisser prendre, couper en dés, renverser la préparation au jambon, décorer avec les dés de gelée.

Fine terrine aux truites

2 truites vidées

laver les filets, peler,
laver à l'eau courante, bien éponger, peler, couper en anneaux

1 oignon

mettre dans un plat avec les filets de truites et

1 c. à s. de civette finement hachée

mélanger

100 ml de vin blanc

avec

5 c. à s. d'huile

verser sur les filets, laisser au frais à couvert 4-5 heures ou toute la nuit
tamiser sur un plan de travail

300 g de farine

faire un puits au centre, y verser

1 œuf
1/2 jaune d'œuf
1/2 blanc d'œuf
1 c. à s. d'eau froide
1/2 c. à t. de sel

travailler en une préparation épaisse
couper en morceaux, mettre sur la préparation

100 g de saindoux froid

recouvrir de farine, à partir du centre, pétrir rapidement tous les ingrédients en une pâte lisse, laisser la pâte au frais 4-5 heures ou toute la nuit
laisser dégeler à température ambiante

500 g de filets de sole congelés

passer à la grille fine du hâchoir à viande
mélanger

2 œufs

avec

1 c. à s. bombée de feuilles de fenouil hachées
2 c. à s. de farine de gruau
zeste râpé de 1 citron (non traité)
150 g de crème épaisse
50 g de beurre fondu
sel

épicer fortement avec du

poivre

pétrir encore une fois la pâte, étaler les 2/3 de la pâte, découper des morceaux correspondant à la taille d'un moule à

cake (30 x 11 cm) pour le fond et les côtés, badigeonner le moule avec de la

margarine molle

disposer le fond en pâte, badigeonner les bords avec un peu de

1/2 blanc d'œuf battu

badigeonner également les côtés avec du blanc d'œuf, mettre dans le moule, bien presser aux raccords, verser la moitié de la chair de poisson, ôter les filets de truite de la marinade, éponger, poser sur la chair de poisson, recouvrir avec le reste de chair, presser légèrement, découper la pâte sur les côtés du moule env. 1 cm au-dessus de la chair de poisson, étaler le reste de pâte, découper un morceau à la taille du dessus du moule, découper 2-3 trous (Ø 2-3 cm), poser le couvercle sur la chair, étaler le reste de pâte, découper de petits décors (écailles), badigeonner le dessous au blanc d'œuf, ranger sur le

Fine terrine aux truites

	couvercle de pâte
	mettre le moule sur la grille du four préchauffé
	battre
1/2 jaune d'œuf	avec
1/2 c. à s. de lait	en badigeonner le pâté au bout de 30 min de cuisson env.
four électrique:	175-200
four à gaz:	3-4
temps de cuisson:	environ 1 1/4 heure à la fin de la cuisson, détacher délicatement le pâté des bords du moule, laisser un peu refroidir, ôter alors du moule, laisser refroidir complètement, arroser à son gré de
gelée au vin	mettre au réfrigérateur 1-2 jours dans du papier d'alu, laisser macérer
accompagnement:	sauce rémoulade, salade verte.

conseil:	pour alourdir une terrine, le mieux est de poser sur la préparation deux feuilles d'alu puis un récipient avec de l'eau (de la taille de la terrine).
conseil:	arroser à son gré les pâtés refroidis avec de la gelée.

Bouchées à la reine aux petits pois et au jambon

	pour la farce
	peler, couper en petits dés
2 petits oignons	faire fondre
1 c. à s. de beurre	faire revenir les dés d'oignon, ajouter
1 c. à s. bombée de farine	chauffer en tournant jusqu'à ce que la farine blondisse
	ajouter
250 ml de crème fraîche	battre au fouet en veillant à ce qu'il ne se forme pas de grumeaux, porter la sauce à ébullition
	ajouter
env. 300 g de petits pois surgelés	les y faire cuire environ 6 min couper en lanières, ajouter, faire chauffer en même temps
200 g de jambon cuit	battre
2 jaunes d'œufs	avec
3 c. à s. de vin blanc	en recouvrir la préparation assaisonner avec du
sel	
poivre fraîchement moulu	mélanger
2 c. à s. de persil haché	poser sur la plaque du four
8 bouchées à la reine (achetées prêtes)	faire chauffer au four préchauffé

Bouchées à la reine aux petits pois et au jambon

four électrique:	200-225
four à gaz:	3-4
temps de réchauffage:	environ 5 minutes verser la farce chaude dans les bouchées à la reine, poser les couvercles par-dessus, les garnir avec du
persil	ajouter à son gré une
mayonnaise à la crème et aux herbes	

Mousse de concombre

	peler, râper,
1 concombre	saupoudrer de
sel	laisser macérer, presser dans un torchon mélanger
2 c. à s. de gélatine en poudre	avec
3 c. à s. d'eau froide	laisser gonfler 10 minutes, chauffer en remuant jusqu'à ce qu'elle fonde battre en crème
50 g de beurre	bien mélanger avec
50 g de yaourt	
2 c. à s. de vinaigre	ajouter le concombre râpé, la gélatine battre fermement
150 ml de crème fraîche	ajouter en soulevant, incorporer
2 c. à s. d'herbes hachées	verser la préparation dans un moule rincé à l'eau froide, faire prendre au réfrigérateur détacher délicatement la mousse au concombre du bord avec un couteau, renverser sur un plat, garnir avec des

Mousse de concombre

branches de fenouil	
persil	
accompagnement:	pain noir.

Terrine de blancs de poulet

	laver, éponger
2 blancs de poulet	faire chauffer
1-2 c. à s. de	
margarine	y faire revenir les blancs de tous côtés
	saupoudrer de
sel, poivre	ôter du jus, laisser refroidir
	laver, éponger
400 g de foie de	
volaille	
350 g de collet de	
porc	couper en dés de 1 cm avec
300 g de lard frais	
gras	
40 g de pain blanc	peler,
2 oignons	hacher grossièrement, faire glacer dans
	le jus de cuisson
	ajouter aux ingrédients en dés, bien
	mélanger avec
4 c. à s. de crème	
fraîche	
1 œuf	
2 c. à s. d'eau-de-vie	
1 c. à t. de thym	
finement haché	
1/2 c. à t. de romarin	
finement haché	
2 c. à t. de paprika	
doux	
1 c. à t. de poivre	
blanc	
env. 2 c. à t. de sel	bien laisser refroidir dans le

congélateur, passer deux fois la préparation à la grille fine du hachoir badigeonner une terrine (à couvercle, 1 1/2 l de contenu) avec

huile	verser la moitié de la préparation au foie, poser les blancs par-dessus, recouvrir du reste de préparation au foie, fermer avec le couvercle, placer dans la lèchefrite, mettre au four chaud, verser dans la lèchefrite
1 l d'eau chaude	à la moitié de la cuisson, ajouter encore une fois
env. 750 ml d'eau chaude	
four électrique:	200-225
four à gaz:	3-4
temps de cuisson:	environ 1 1/4 heure
	laisser refroidir la terrine, garnir avec du
persil	

Terrine de foie

	laver, éponger
1 kg de foie de porc	passer à la grille fine du hachoir avec
500 g de lard frais	
ou de viande grasse	peler, couper en dés
1 oignon	faire fondre,
1 c. à s. de beurre	y faire revenir les oignons

Terrine de blancs de poulet

	hacher grossièrement
env. 170 g de champignons de Paris	ajouter aux oignons, faire étuver en même temps et laisser légèrement refroidir ajouter
1 c. à s. de persil haché	mélanger la viande avec les champignons, épicer fortement avec
marjolaine hâchée sel poivre noix de muscade en poudre	disposer dans un moule à cake (30 x 11 cm)
env. 200 g de barde	verser la préparation au foie, lisser, couvrir avec le reste de barde placer le moule sur la grille du four préalablement chauffé

Terrine de foie

four électrique:	175-200
four à gaz:	3-4
temps de cuisson:	environ 1 1/4 heure laisser la terrine cuite au moins une journée au frais, ôter ensuite du moule préparer une
gelée au vin	en recouvrir la terrine garnir avec
champignons de Paris étuvés mâche	

Terrine de faisan truffée

1 faisan préparé	laver, éponger, ôter les pattes de placer les blancs dans un petit plat, verser par-dessus
3 c. à s. d'eau-de-vie	laisser macérer 1-2 heures à couvert passer à la grille fine du hachoir
200 g de lard gras frais	battre en crème au batteur électrique laver, éponger
400 g de viande de porc	peler
1 petit oignon	
1 petite gousse d'ail	avec la viande de faisan et la viande de porc, les passer à la grille fine du hachoir, sortir les blancs de la marinade, éponger, mettre la marinade avec la viande passée et le lard en crème, mélanger avec
3 c. à s. de porto	
1 œuf	
150 g de crème épaisse	
1 c. à t. d'épices à pâtés	assaisonner avec du
sel, poivre	couper en dés très fins 2 des
3 truffes (en bocal)	mélanger à la préparation à la viande disposer dans la terrine (avec couvercle, 1 3/4 l de volume)
250-300 g de barde fraîche	(en réserver un peu) y placer la moitié de la préparation à la viande, poser par-dessus les blancs, presser, poser par-dessus le reste de la préparation, lisser, recouvrir avec le reste de barde, fermer avec le couvercle placer la terrine dans la lèchefrite au four préchauffé verser dans la lèchefrite
1 l d'eau chaude	à la moitié de la cuisson, ajouter encore
env. 750 ml d'eau chaude	
four électrique:	200-225
four à gaz:	3-4
temps de cuisson:	environ 1 3/4 heure vider la graisse liquide de la terrine, alourdir la terrine, mettre au frais au moins un jour

pour la gelée au porto
mélanger

1 c. à t. faiblement
bombée
de gélatine en poudre — avec
1 c. à s. d'eau froide — laisser gonfler 10 minutes
allonger

100 ml de sauce aux
truffes
(en boîte) — avec du
porto — jusqu'à 125 ml, porter à ébullition, ôter du feu, ajouter la gélatine en tournant, tourner jusqu'à ce qu'elle soit fondue
couper en fines rondelles la truffe réservée
garnir la terrine avec des
pistaches — et les rondelles de truffes
recouvrir de la gelée refroidie et laisser prendre au réfrigérateur.

Mousse de sandres aux crevettes

laver à l'eau courante froide
400 g de sandre — éponger
porter à ébullition
750 ml d'eau — avec
1 c. à t. rase de sel
1 pincée de poivre

4 rondelles de citron
(1/2 cm d'épaisseur
chacune)
6 grains de poivre — y placer les sandres, porter à ébullition, laisser frémir (sans bouillir)
ôter les sandres du court-bouillon,. passer le court-bouillon au tamis, laisser refroidir, en recueillir 125 ml
ôter la peau des sandres, ôter les arêtes, passer deux fois à la grille fine du hachoir à viande, passer au tamis ou mixer
mélanger

300 g de crème
épaisse — avec
1 paquet (9 g) de
gélatine
en poudre
5 c. à s. d'eau froide — laisser gonfler 10 minutes
faire chauffer

125 ml de court-
bouillon — ôter du feu, y verser la gélatine, tourner jusqu'à ce qu'elle fonde, laisser refroidir un peu, mélanger à la préparation au poisson, épicer avec du sel, poivre, du
jus de citron — rincer à l'eau froide 4 petits moules (par ex. tasses de café, verres à vin…) y verser la préparation au poisson, lisser, faire prendre au réfrigérateur
préparer une

Mousse de sandres aux crevettes

gelée au vin	laisser refroidir
	renverser la mousse de sandre en gelée sur une assiette, garnir chaque mousse avec un des
4 gambas coupés en deux	recouvrir avec la gelée au vin presque froide, mettre au frais, recommencer plusieurs fois jusqu'à ce que les mousses soient bien recouvertes de gelée (faire réchauffer légèrement la gelée coulée, éventuellement)
	garnir les mousses avec des
rondelles de citron	
thym	
quartiers de tomate	
temps de cuisson:	environ 15 minutes
accompagnement:	toasts, petits pains, beurre.

Terrine de viande de porc

	faire chauffer
1 c. à s. de matière grasse végétale	laver, éponger
375 g de viande de porc maigre (culotte) en morceaux	saupoudrer de
sel	
poivre	faire revenir environ 10 min dans la matière grasse de tous côtés saupoudrer de
paprika doux	laisser refroidir, couper en dés avec
375 g de collet de porc	
100 g de lard gras	passer à la grille fine du hachoir mélanger
250 g de viande de porc hachée	couper en dés
150 g de langue salée	nettoyer, laver, couper en rondelles
125 g de champignons de Paris	peler, couper en dés
1 oignon	hacher finement
75 g de pistaches	mélanger à la viande avec
2 c. à s. de persil haché	ajouter
2 œufs	
125 ml de madère	
125 ml de crème fraîche	épicer avec du sel
poivre blanc fraîchement moulu	
sauge hachée	
thym haché	disposer dans un moule à cake (env. 30 cm de long)
150 g de barde fine	ajouter la moitié de la préparation à la viande, poser les dés de langue par-dessus, ajouter le reste de viande, presser fortement, recouvrir le moule d'une feuille d'alu, mettre dans la lèche-frite, à four préchauffé

Terrine de viande de porc

1 l d'eau chaude	verser dans la lèchefrite
env. 750 ml d'eau chaude	à la moitié de la cuisson, ajouter encore
four électrique:	200-225
four à gaz:	3-4
temps de cuisson:	environ 1 1/2 heure
	vider la graisse liquide de la terrine cuite,
	alourdir la terrine, laisser au frais au moins un jour
	renverser la terrine juste avant de servir.

Terrine de brocolis (Illustr. p. 46-47)

	ôter les feuilles de
500 g de brocolis	peler les tiges du tronc, inciser en croix juste devant les bouquets, laver porter à ébullition
500 ml d'eau	avec du
sel	y mettre les brocolis (réserver quelques bouquets pour garnir), faire cuire en 15-20 minutes
	sortir les brocolis cuits, passer au tamis ou mixer
	dans une petite casserole, mélanger
2 c. à t. de gélatine	

en poudre **2 c. à s. d'eau froide**	faire gonfler 10 minutes, mélanger à la purée encore chaude, tourner jusqu'à ce qu'elle soit fondue, laisser refroidir légèrement
	incorporer
2 c. à s. de crème épaisse **2 blancs d'œufs** **sel**	battre énergiquement, assaisonner avec
noix de muscade râpée **400 g de céleri rave** **125 ml d'eau salée**	peler, laver, couper en petits morceaux mettre dans
bouillante	porter à ébullition, faire cuire en 25-30 minutes, sortir, bien égoutter, passer au tamis ou mixer
	mélanger
2 c. à t. de gélatine en poudre **2 c. à s. d'eau froide**	avec faire gonfler 10 minutes, incorporer à la purée de céleri encore chaude, tourner jusqu'à ce qu'elle soit fondue, laisser légèrement refroidir, incorporer
2 c. à s. de crème épaisse **2 blancs d'œufs** **sel**	battre énergiquement, assaisonner avec
poivre	nettoyer, gratter, laver, couper en rondelles
400 g de carottes **125 ml d'eau bouillante salée**	mettre dans faire cuire 25-30 minutes

	sortir, bien égoutter, passer au tamis ou mixer
	mélanger
2 c. à t. rases de gélatine en poudre **2 c. à s. d'eau froide**	avec faire gonfler 10 minutes, incorporer à la purée de carottes chaude, mélanger jusqu'à ce qu'elle soit fondue, laisser refroidir légèrement
	incorporer
3 c. à s. de crème épaisse **2 blancs d'œufs**	battre énergiquement, assaisonner avec du sel
sucre **gingembre en poudre**	graisser une terrine ou un moule à pâté (par ex. à cake) avec de l'
huile	verser tout d'abord la purée de céleri, lisser, puis mettre par-dessus la moitié de la purée de brocoli, enfoncer légèrement les bouquets de brocoli réservés la queue en haut, recouvrir du reste de purée de brocoli, lisser pour finir, verser la purée de carottes fermer le moule avec un couvercle ou de l'alu, mettre dans un bain-marie, faire cuire
temps de cuisson:	45-55 minutes laisser reposer un moment la terrine dans un endroit frais, plonger rapidement à l'eau chaude, sortir la terrine du moule, couper en tranches pas trop fines
accompagnement:	salades croquantes.

**POISSONS,
CRUSTACES ET
MOLLUSQUES**

Un régal venu des mers et des rivières
(Recette p. 59)

Plateau de fruits de mer

Plateau de fruits de mer

1 kg de moules	mettre à l'eau froide abondante laisser reposer quelques heures, changer l'eau de temps en temps, pour finir, brosser énergiquement les moules, ôter les barbes, nettoyer jusqu'à ce que l'eau soit parfaitement claire; les moules qui s'ouvrent au trempage et au brossage ne sont pas comestibles; n'employer que les moules complètement fermées peler, couper en deux
1 oignon	hacher fin une moitié, couper l'autre en rondelles, mettre les moules dans une casserole, ajouter l'oignon haché et
1 bouquet de persil haché	
125 ml de vin blanc sec	épicer avec du
poivre blanc fraîchement moulu	porter à ébullition, faire cuire 15 minutes (les moules qui ne s'ouvrent pas à la cuisson ne sont pas comestibles), laisser refroidir les moules dans le jus
150 g de calamar surgelé	laisser dégeler selon le mode d'emploi et égoutter
150 g de scampis	
surgelés	couper en rondelles
100 g d'olives d'Espagne fourrées au poivron	laisser égoutter, couper en morceaux
8 sardines à l'huile (en boîte)	
	pour la marinade mélanger
2 c. à s. de vinaigre de sherry	avec
5 c. à s. d'huile d'olive	épicer avec du
sel	
poivre	ajouter à son gré quelques gouttes du jus de cuisson peler, écraser
1 gousse d'ail	mettre dans la marinade avec les rondelles d'oignon et
1 bouquet de feuilles de fenouil haché	mélanger à la marinade les moules hors de leur coquille, les calamars, les scampis, laisser macérer 10 minutes, assaisonner avec du sel, poivre couper les pieds de
100 g de mâche	ôter les feuilles fânées, couper éventuellement les grandes feuilles, laver soigneusement, bien égoutter ou centrifuger, répartir sur un plat, ôter les fruits de mer de la marinade, répartir

par-dessus
poser par-dessus

4 c. à t. de crème épaisse	et
2 c. à t. de caviar (en bocal)	garnir avec des
branches de fenouil	
accompagnement:	toasts, baguette, beurre.

Truite marinée à la sauce au fenouil
(4-5 personnes)

	laver à l'eau courante froide
1 truite préparée (± 1 kg)	couper en deux, ôter les arêtes poser une moitié de truite dans une coupe, peau vers le bas, répartir par-dessus
2 bouquets de feuilles de fenouil hachées	mélanger
1 c. à s. de sel	avec
2 c. à s. de poivre blanc	en saupoudrer le poisson asperger à son gré avec
1/2 c. à t. d'eau-de-vie	poser par-dessus l'autre moitié de truite, la peau vers le haut, recouvrir d'une feuille d'alu, poser par-dessus une planchette plus grande que le poisson, alourdir régulièrement avec 2-3 boîtes de conserves fermées, par ex, laisser reposer au frais (réfrigérateur) 2-3 jours, arroser de temps en temps avec la marinade ôter la truite de la marinade, éponger, ôter la peau, dresser les filets sur un plateau

Truite marinée à la sauce au fenouil

pour la sauce aux feuilles de fenouil
mélanger

4 c. à s. de moutarde forte	avec
1 c. à t. de farine de moutarde	
3 c. à s. de sucre	
2 c. à s. de vinaigre de vin	battre peu à peu
5 c. à s. d'huile	mélanger
3 c. à s. de feuilles de fenouil hachées	servir la sauce avec le poisson
accompagnement:	toasts, pain complet.

Plateau de poissons mixtes

	faire tremper 1-2 heures, bien égoutter
4 filets de jeunes harengs fumés	éventuellement éponger, enrouler remplir avec
3 c. à s. de crème fraîche au raifort	ôter la peau de
4 filets de truite fumée	ôter la peau de
150 g d'anguille fumée	ôter les arêtes, lever les filets couper la tête de
250 g de harengs saur	couper le tout en morceaux, répartir sur un grand plat décoré de
feuilles de laitue lavées	et ajouter
100 g de saumon fumé en tranches	
100 g de crabe frais	
150 g de sprats fumés	placer le crabe au centre, les autres sortes de poisson tout autour et garnir de
rondelles de citron branches de fenouil	

Saumon à la sauce tartare

	laver à l'eau courante
4 tranches de saumon frais	éponger, asperger de
jus de citron	laisser macérer 15 minutes environ, épicer avec du
sel	
poivre	badigeonner 4 feuilles d'alu avec du
beurre	envelopper dans chacune une tranche de poisson, fermer la feuille d'alu souplement mais fermement, mettre au four préchauffé
four électrique:	225-250
four à gaz:	6-7
temps de cuisson:	25-30 minutes ôter les papillotes d'alu du four, laisser

Saumon à la sauce tartare

doit être protégé du froid et de la
chaleur
lors de l'achat, les pinces sont attachées
l'une contre l'autre pour ne pas que les
animaux se blessent mutuellement
la queue du homard vivant doit être
recourbée et élastique
ne pas utiliser d'animaux morts durant
le transport

	maintenir sur le dos
1 homard de 2 kg	le brosser soigneusement à l'eau froide
	nettoyer, laver, couper fin
1-2 bouquets de légumes	
à potage	peler, couper en huit
2 oignons moyens	porter à ébullition
4-5 l d'eau	avec les légumes à potage, les quartiers
	d'oignons et
3 bonnes c. à s. de sel	afin que le homard soit tué rapidement,
	lui plonger tout d'abord la tête dans
	l'eau bouillante, porter à ébullition,
	faire cuire, laisser refroidir le homard
	dans l'eau de cuisson, couper, sortir la
	chair, disposer sur un plat, servir froid
	ou chaud
temps de cuisson:	environ 20 minutes
accompagnement:	toasts, mayonnaise, beurre, quartiers de
	citron.

Rouleaux de saumon des gourmets

	battre
4 œufs	
2 c. à s. de lait	avec
sel	
poivre	

Rouleaux de saumon des gourmets

refroidir le poisson cuit
pour la sauce tartare
mélanger

3 c. à s. de mayonnaise	avec
3 c. à s. de crème aigre	écaler, hacher fin
2 œufs cuits durs	mélanger à la mayonnaise avec
1 c. à s. de civette finement hachée	
1 c. à t. bombée de persil haché	
1 c. à t. de feuilles de fenouil hachées	assaisonner avec du poivre, sel, badigeonner légèrement les tranches de saumon avec de l'
huile	répartir sur des
feuilles de laitue lavées	
persil	garnir avec du
	servir la sauce à part
accompagnement:	toasts.

Homard

le homard est un crustacé des mers,
vivant, il est gris-brun ou vert foncé et
cuit, il est rouge
un homard vivant est très sensible et

1 bouquet de civette finement hachée	faire fondre dans une poêle
1 c. à s. de beurre ou de margarine	y verser les œufs au lait, dès que la préparation commence à boursouffler, la détacher du fond de la poêle avec une cuillère, continuer à faire cuire jusqu'à ce qu'il n'y ait plus de liquide, laisser refroidir, répartir régulièrement les œufs brouillés sur
8 tranches de saumon fumé	rouler et répartir sur des
feuilles de laitue lavées	garnir les rouleaux avec des
pointes d'asperges cuites	
olives fourrées au poivron et coupées en rondelles	
cresson	
accompagnement:	toasts, beurre.

Filets de sole en croustade

	tamiser dans un plat
100 g de farine	mélanger soigneusement avec
1 c. à t. de levure sèche	
sel	
1 œuf	
125 ml d'eau tiède	battre le tout au batteur électrique, tout d'abord à vitesse minimale puis maximale durant 5 minutes couper en fines lanières
100 g de lard	ajouter à la pâte avec
2 c. à s. d'amandes mondées effilées	laisser reposer la pâte dans un endroit

Filets de sole en croustade

	chaud jusqu'à ce qu'elle double de volume, puis la battre encore à vitesse maximale laver à l'eau courante
4 filets de sole	égoutter asperger de
jus de citron	laisser reposer 15 minutes env., éponger, épicer avec du sel,
poivre	plonger dans la pâte, faire cuire et dorer 3-5 min dans un bain de friture bouillante, égoutter sur une grille et laisser refroidir préparer une
sauce rémoulade	disposer sur un plat, y dresser les filets de sole avec
rondelles de citron	
feuilles de laitue	saupoudrer d'
amandes grillées effilées	et de
lardons grillés	

Saumon mariné à la sauce moutarde aigre-douce

	écailler, laver à l'eau courante
1 kg de saumon préparé en morceaux (centre ou queue)	éponger, couper en deux dans le sens de la longueur ôter les arêtes, sortir les petites arêtes implantées dans la chair à la pincette laver
3 bouquets de feuilles de fenouil	éponger, hacher grossièrement (laisser la tige) mélanger avec
1 c. à s. de sucre	
2 c. à s. de sel	
1 c. à s. de poivre blanc en grains écrasés	
1 c. à s. de baies de genévrier écrasées	en frotter les morceaux de poisson, poser un morceau de poisson la peau vers le bas sur un plat de porcelaine, saupoudrer de fenouil, poser par-dessus la face interne de l'autre, recouvrir d'alu, poser par-dessus une assiette ou une planchette, alourdir avec une pierre ou une boîte de conserve pleine fermée laisser macérer le poisson au frais (réfrigérateur) 24-36 heures, arroser de temps en temps avec la marinade ôter le poisson de la marinade, éponger, couper en tranches fines avec un couteau très aiguisé, disposer sur un plat

	pour la sauce moutarde
	mélanger
5 c. à s. de mayonnaise	avec
4 c. à s. de crème fraîche	
1 bouquet de feuilles de fenouil hachées	
2 c. à t. d'essence de vinaigre (25 %)	
2 c. à s. de sucre	porter à ébullition, faire bouillir un peu, ajouter à la mayonnaise à la moutarde servir la sauce avec le saumon
accompagnement:	toasts, beurre.

Langoustines sauce moutarde

	laver soigneusement à l'eau courante
4-6 grosses langoustines	nettoyer, laver, couper fin
1 bouquet de légumes à potage	peler, couper en quatre
1 oignon	porter à ébullition avec les légumes à potage et l'oignon
1,5 l d'eau	avec
2 c. à t. de sel	y plonger les langoustines (elles se colorent alors en rouge), faire cuire

	environ 25 minutes, laisser refroidir dans le jus de cuisson, disposer sur un plat
	garnir avec des
quartiers de citrons branches de fenouil	
	pour la sauce moutarde
	mélanger
4 c. à s. de mayonnaise	avec
1 c. à s. de moutarde forte	assaisonner avec du
sel	
poivre	servir avec les langoustines
accompagnement:	baguette, toasts, beurre.

Plateau d'huîtres impériales
(1 personne)

	lors de leur achat, les huîtres doivent être fermées, il faut écarter les huîtres ouvertes car elles ne sont plus comestibles
	nettoyer soigneusement
12 huîtres	les ouvrir au couteau à huîtres, pour cela, prendre l'huître dans la main

Langoustines sauce moutarde

Plateau d'huîtres impériales

gauche (la coquille bombée vers le bas), glisser le couteau à huîtres entre les deux coquilles, lever et abaisser légèrement jusqu'à ce que la coquille du haut se détache
pour finir, disposer les huîtres sur un plat garni de

glaçons garnir avec des
citrons détacher les huîtres de la coquille, asperger de
jus de citron épicer avec du
poivre fraîchement moulu
accompagnement: pain complet beurré.

Langoustines à la sauce mayonnaise

laisser dégeler à température ambiante durant 1 heure environ

340 g de langoustines surgelées sans carapace ou prendre
500 g de langoustines fraîches avec la carapace

pour la mayonnaise à la crème
battre 30 secondes
125 ml de crème fraîche incorporer
1 c. à t. de moutarde battre fermement
incorporer délicatement
2 c. à s. bombées de mayonnaise
3 c. à s. de sherry assaisonner avec du
sel

poivre
jus de citron détacher la chair des langoustines, nettoyer à l'eau froide, éponger
garnir une grille d'alu, poser les langoustines par-dessus, badigeonner avec la moitié de
30 g de beurre fondu placer sous le gril préchauffé, après 2 1/2 minutes de grillade, badigeonner les langoustines avec le reste de beurre
temps de gril électrique: environ 7 1/2 minutes
gaz: environ 5 minutes
servir les langoustines avec la mayonnaise à la crème.

Gambas à la crème au pernod

laver à l'eau froide courante
12 gambas nettoyer
porter à ébullition
750 ml d'eau avec
1 c. à t. rase de sel
1 pincée de poivre
1 c. à s. de graines d'anis y plonger les gambas, porter à ébullition, laisser frémir environ 10 minutes, égoutter, et détacher la chair des carapaces quand elles sont chaudes

Gambas à la crème au pernod

pour la sauce
mélanger

150 g de crème
épaisse   avec
20 cl de Pernod
1 pincée de gingembre
en poudre   assaisonner avec du
sel   répartir les gambas sur des
feuilles de mâche
lavées   saupoudrer la sauce avec
pistaches hachées
accompagnement: tranches de pain dorées dans le beurre.

Ecrevisses classiques

brosser soigneusement à l'eau courante
2 kg d'écrevisses porter à ébullition
5 l d'eau   avec
6 c. à s. de sel
1/2 c. à t. de cumin
2 c. à s. de pointes de
fenouil
sèches   faire bouillir environ 5 minutes, y
plonger tout d'abord 2 écrevisses avec la
tête (elles se colorent alors en rouge),
ajouter les autres peu à peu en refaisant
bouillir à chaque fois, répéter le
processus jusqu'à ce que toutes les
écrevisses soient dans l'eau, laisser cuire
environ 10 minutes, déposer sur un
grand plat
2 bouquets de feuilles
de
fenouil lavées   poser dessus les écrevisses encore
chaudes
passer le jus de cuisson au tamis, laisser
refroidir, recouvrir d'alu, laisser au frais
10-12 heures

Caviar en strates

avant de servir, faire chauffer
rapidement les écrevisses dans le jus, les
sortir, les servir garnies de
feuilles de fenouil
accompagnement: baguette, toasts, beurre.

Caviar en strates

passer au tamis
50 g de caviar de
saumon   arroser avec
eau minérale   jusqu'à ce que les grains se détachent
les uns des autres, bien égoutter
peler
1 petit oignon   écaler
1 œuf cuit dur   couper les deux ingrédients en dés,
mettre en couches dans des coupes
avec
50 g d'œufs de truites
(incolores, jaunes, en
bocal)
50 g d'œufs de truites
(colorés, noirs, en
bocal)   servir bien froid.

Harengs de la Baltique

ôter de la saumure
4 harengs à la
saumure   faire tremper 24 heures en changeant
l'eau de temps en temps, nettoyer les
harengs à l'eau courante pour détacher
les écailles, ôter les ouïes et les
opercules, couper les têtes, ôter les
peaux noires internes, laver encore une
fois les harengs, inciser sur le dos dans
le sens de la longueur, ôter les arêtes,
ôter la peau à son gré

pour la sauce à la crème
peler
4-5 oignons   couper en rondelles avec
2 cornichons moyens mélanger avec
375 ml de crème
fraîche
1-2 c. à s. d'essence
de vinaigre
(25 %)
quelques grains de
moutarde
quelques grains de
poivre   ajouter
1 feuille de laurier placer les harengs dans la sauce, laisser
macérer 24 heures
garnir avec du
persil
accompagnement: salade de pommes de terre, toasts.

Homard royal

Homard royal

1 homard cuit	laisser refroidir dans le jus de cuisson le sortir, le poser sur le dos sur un plan de travail, ouvrir au ciseau la carapace à droite et à gauche, ôter la carapace du ventre, détacher délicatement la chair en n'abîmant pas la carapace du dos, couper en rondelles
1 œuf cuit dur	dresser sur le dos du homard, garnir avec du
cresson	laisser égoutter
6 fonds d'artichauts (en boîte)	mélanger la chair restante du homard avec la substance crémeuse du homard et
2 c. à s. de mayonnaise	en remplir les fonds d'artichauts, garnir de
pointes d'asperges cuites	et de
lanières de poivron	disposer les fonds d'artichauts autour du homard
accompagnement:	sauce cocktail, toasts, beurre
conseil:	lorsque vous avez fait cuire du homard, des langoustes ou des écrevisses et que vous les avez détachés de la carapace, réservez la carapace rouge, car une fois réduite, elle constitue une bonne épice pour les potages ou les sauces lorsqu'on la fait cuire dans le jus.

VIANDES

Garnies avec raffinement — servies avec délices
(Recette p. 78)

Roulade grand chef

Roulade grand chef

	placer les unes à côté des autres
4 grandes tranches de bœuf bouilli roulé (env. 750 g)	de telle manière que les côtés larges s'étagent en écailles et forment un grand plat de viande
	badigeonner finement la viande avec de la
moutarde de Dijon	épicer avec du
sel	
poivre	nettoyer, laver, couper en deux ou en quatre
300-350 g de poireaux	laver, plonger dans de l'
eau bouillante salée	faire bouillir 2-3 minutes, passer au tamis, asperger d'eau froide, bien égoutter, poser les uns à côté des autres sur le plat

	répartir sur les légumes
125 g de tranches de jambon	faire ramollir dans de l'eau froide
1 tranche de pain de mie	bien presser
	mélanger
375 g de chair à saucisse	
1 œuf	
2 c. à s. de persil haché	
2 c. à t. de poivre vert	assaisonner avec du sel, poivre, répartir la préparation sur le jambon
	poser par-dessus
125 g de champignons de Paris étuvés coupés en petits dés	enrouler le plat de viande, envelopper de fil de cuisine, saupoudrer la roulade de sel, poivre, faire chauffer
3 c. à s. d'huile	y faire revenir la roulade de tous côtés ajouter
250 ml de vin rouge	fermer la casserole avec un couvercle, placer sur la grille du four préchauffé, faire mitonner
	retourner la viande de temps en temps, remplacer le liquide évaporé peu à peu par
250 ml de vin rouge	
four électrique:	175-200
four à gaz:	3-4
temps de cuisson:	environ 1 heure
	poser la roulade cuite sur un plat, recouvrir d'alu, laisser refroidir, ôter la ficelle, couper la viande en tranches, garnir avec du
cresson	
radis	passer le jus de cuisson au tamis, laisser refroidir, dégraisser
	mélanger
150 g de crème épaisse	avec autant de jus qu'il faut pour obtenir une sauce crémeuse
	assaisonner éventuellement la sauce avec du sel, poivre
	servir avec la viande
accompagnement:	baguette, salade panachée.

Jambon en croûte de miel piquant (15-20 personnes)

	commander le jambon 8 jours à l'avance chez le charcutier, faire couper la couenne en quatre par le charcutier, laver le jambon, sécher
	porter à ébullition
1,5 l d'eau	avec
1 bouteille de vin blanc sec	peler

Jambon en croûte de miel piquant

1 oignon	et
1 gousse d'ail	mettre dans le liquide avec
5 clous de girofle	
2-3 feuilles de laurier	
grains de poivre	
grains de coriandre	porter à ébullition, faire cuire à faible chaleur durant 2 heures
	retourner le jambon de temps en temps durant la cuisson
	poser le jambon cuit sur la grille, mettre au four préchauffé; dès que la croûte commence à brunir, arroser d'un peu de jus
	mélanger
2 c. à s. de miel de sapin	avec
2 c. à s. de moutarde forte	
1 pincée de clous de girofle	

en poudre	
1 pincée de coriandre	
en poudre	30 minutes avant la fin de la grillade, en badigeonner le jambon, laisser rôtir, au bout de 7-10 minutes, badigeonner le jambon avec le reste du mélange miel-moutarde
four électrique:	225-250
four à gaz:	5-6
temps de cuisson:	1 3/4-2 heures
	laisser refroidir le jambon cuit, garnir avec des
branches de romarin	dresser sur un plat
	nettoyer, couper en deux dans le sens de la longueur
1 bouquet d'oignons de printemps	laver, mettre le jus de cuisson dans une casserole, ajouter
250 ml de vin rouge	porter à ébullition
	y ajouter les petits oignons, les faire

	étuver jusqu'à ce que le jus ait réduit
7 figues fraîches	laver, couper en deux
	dresser avec le jambon et les oignons égouttés
	verser le jus sur le jambon ou le servir à part
	pour le chutney de pommes et d'abricots
	peler, couper en quatre, épépiner, couper en petits dés
250 g de pommes	mettre dans
125 ml d'eau bouillante	avec
250 g d'abricots secs	
50 g de raisins	
75 g de sucre roux	
4 c. à s. de vinaigre de vin blanc	
clous de girofle en poudre	
coriandre en poudre	faire étuver 10 minutes environ, laisser refroidir, servir avec le jambon.

Côtelettes aux fruits

(en papillote — 8 à 10 personnes)

	porter à ébullition
250 ml d'eau	avec
125 ml de madère	
1 bâton de cannelle	
3 clous de girofle	ajouter
500 g de fruits secs panachés	porter à ébullition, faire bouillir environ 10 minutes, laisser refroidir dans le liquide et égoutter
	laver, éponger
1 côte de porc ou une côte de porc	

Côtelettes aux fruits

fumée (avec une poche 1,75 à 2 kg) sel poivre	frotter de
paprika	emplir avec les fruits cuits, coudre la poche, placer dans une papillote en alu assez grande, fermer la papillote, mettre sur la grille dans le four préalablement chauffé
four électrique:	200
four à gaz:	environ 3 1/2
temps de cuisson:	environ 1 3/4 heure
	ôter la viande cuite du four, laisser reposer un peu, puis ouvrir la papillote, laisser refroidir la viande, couper en tranches, mettre sur un plat, garnir à son gré avec le reste des fruits cuits
accompagnement:	pain de campagne, beurre.

Côtelettes de porc panées

	laver, éponger, frapper légèrement
4 côtelettes de porc de 200 g chacune sel	saupoudrer de
poivre	rouler les côtelettes tout d'abord dans
1-2 c. à s. de farine	puis dans
1 œuf battu	et enfin dans
40 g de chapelure	faire chauffer
50 g de matière grasse végétale	y retourner plusieurs fois la viande en la dorant 15 minutes
	disposer sur un plat, servir chaud ou froid
accompagnement:	salade de pommes de terre.

Rôti de porc

	laver, éponger, inciser la couenne en losanges de
2 kg de viande de porc (avec couenne)	peler, écraser
2-3 gousses d'ail	mélanger avec
4 c. à s. de moutarde de Dijon	laver, hacher, mélanger à la moutarde à l'ail
3-4 bouquets de basilic	
3-4 bouquets de persil poivre fraîchement moulu thym haché marjolaine hachée	assaisonner avec du
romarin haché	badigeonner régulièrement la viande avec la préparation
	enrouler, ficeler solidement , placer la viande dans un plat à four, au four préchauffé, au bout de 2 heures de

Rôti de porc

	cuisson, badigeonner le rôti avec
eau salée	faire cuire encore 15 minutes
four électrique:	environ 200
four à gaz:	environ 3
temps de cuisson:	environ 2 1/4 heures
	placer le rôti cuit sur un plat, recouvrir d'alu, laisser reposer environ 10 minutes, le couper ensuite en tranches pas trop fines (ôter la ficelle)
accompagnement:	salade panachée, pain de campagne.

Filet Gisèle

	laver, sécher, ôter peau et nerfs de
750 g de filet de porc	épicer avec du
sel	
poivre	
marjolaine hachée	couper en tranches
250 g de lard gras	en envelopper la viande, mettre dans un moule à feu, placer le moule dans le four préchauffé
four électrique:	225 environ
four à gaz:	5-6
temps de cuisson:	30-35 minutes
	laisser refroidir le filet cuit, couper en tranches, dresser sur un plat, garnir avec du

persil	
quartiers de tomates	
	pour la sauce
	battre en une préparation épaisse
1 jaune d'œuf	
1 c. à t. de moutarde	
1 c. à t. de vinaigre	
1 c. à t. rase de sel	
poivre	ajouter peu à peu en battant
125 ml d'huile	y mélanger
2 c. à s. de yaourt	laver, sécher, ôter les pédoncules, couper en deux, épépiner
2 tomates moyennes	écaler
1-2 œufs cuits durs	couper les 2 ingrédients en dés, avec
1 cornichon	mélanger à la sauce
1 c. à s. d'herbes hachées	
mélangées	assaisonner avec du sel, poivre
accompagnement:	toasts, salade verte.

Viande d'agneau marinée à la turque

	laver, éponger, ôter peau et graisse de
1,25 kg de viande d'agneau	
(gigot sans os)	couper en tranches de 1/2 cm d'épaisseur
	pour la marinade
	peler, couper en petits dés
3 oignons	peler, écraser
3 gousses d'ail	mélanger les 2 ingrédients avec
8 c. à s. d'huile d'olive	
3 c. à s. de jus de citron	
2 c. à t. de thym finement haché	assaisonner avec du
sel, poivre	badigeonner les tranches de viande avec la marinade, disposer en couches dans un plat, recouvrir d'alu, laisser macérer une nuit, sortir la viande de la marinade, enlever un peu d'oignon dans une poêle, faire chauffer de l'
huile	poser une partie des tranches de viande les unes à côté des autres, faire dorer des deux côtés 5-6 minutes, mettre dans un plat, saupoudrer de poivre préparer le reste de la viande de la même manière ajouter au jus de cuisson la marinade, les oignons et
4 c. à s. d'eau	
4 c. à s. de vin blanc	faire réduire assaisonner avec du
sucre	verser sur les tranches de viande, laisser refroidir, recouvrir de temps en temps la viande avec le liquide

1 kg de tomates	laver, sécher, ôter les pédoncules de couper en deux, épépiner, couper en dés
	peler, écraser, ajouter aux dés de tomates
2-3 gousses d'ail	mélanger
2-3 c. à s. d'huile d'olive	avec
2-3 c. à s. de jus de citron	assaisonner avec du sel, poivre
estragon haché	laisser macérer, assaisonner encore éventuellement avec des épices, vider éventuellement un peu de liquide ôter les tranches de viande de la marinade, dresser dans un plat creux, verser un peu de marinade dessus servir les tomates en couronne autour de la viande
	pour la sauce
	mélanger
150 g de crème épaisse	avec
150 g de yaourt	assaisonner avec du sel, poivre, sucre, servir avec la viande.

Rôti de veau en chaud-froid

(en papillote — environ 8 personnes)

	laver, éponger
1,75 kg de viande de veau (cuisseau) sel poivre	épicer avec du
romarin en poudre	placer sur une feuille d'alu assez grande, asperger de
2-3 c. à s. d'huile	fermer la papillote, mettre sur la grille du four préchauffé
four électrique:	200
four à gaz:	environ 3 1/2
temps de cuisson:	environ 2 heures
	ôter la viande cuite du four, laisser reposer un peu, puis ouvrir la papillote, laisser refroidir la viande
	pour la farce
	nettoyer, laver, égoutter
300 g de champignons de Paris	peler
2 oignons	
2-3 gousses d'ail	couper en petits dés les 3 ingrédients faire fondre
1-2 c. à s. de beurre	y faire glacer les dés d'oignon et d'ail, ajouter les dés de champignons de Paris, laisser étuver, jusqu'à ce qu'il n'y ait plus de liquide, assaisonner avec du sel, poivre
	mélanger
3 c. à s. de persil haché	laisser refroidir, mélanger avec
200 g de pâté de foie	

Rôti de veau en chaud-froid

de veau	couper le rôti de veau en 8-10 tranches, badigeonner de farce, reconstituer en rôti
	pour le chaud-froid
	mélanger
2 paquets (18 g) de gélatine en poudre	avec
6 c. à s. d'eau froide	faire gonfler 10 minutes faire réduire à 750 ml
1 l de bouillon de veau	faire réduire à 250 ml
375 ml de crème fraîche	passer au tamis, ajouter au bouillon de viande, mélanger, porter à ébullition mélanger
30 g de Maïzena	avec
2-3 c. à s. de vin blanc	pour lier le bouillon-crème ajouter
1 jaune d'œuf battu	ôter du feu, ajouter la gélatine,

3 c. à s. d'huile	avec
1 c. à t. de moutarde forte	
2 c. à t. de poivre vert	
1 c. à t. de sel	
1 c. à t. de paprika doux	en badigeonner la viande, poser sur une feuille d'alu assez grande, fermer la feuille, laisser reposer environ 2 heures, puis mettre sur la grille au four préchauffé
four électrique:	200
four à gaz:	environ 3 1/2
temps de cuisson:	environ 1 1/4 heure
	ôter la viande cuite du four, laisser reposer un peu, puis ouvrir la papillote, laisser refroidir la viande, détacher l'os, couper en tranches, mettre sur un plat, garnir avec des
radis roses herbes	
accompagnement:	salade de pommes de terre, de nouilles ou de riz.

Filet fourré aux herbes à la crème gorgonzola
(environ 6 personnes)

	laver, sécher, ôter la peau de
1 kg de filet de bœuf	faire dorer dans une poêle sans matière grasse
50 g de pignons	laisser refroidir, écraser
	peler, couper en petits dés
1 oignon	et
1 gousse d'ail	faire chauffer
1 c. à s. d'huile	y faire glacer oignon et ail, avec les pignons broyés
	mélanger
1 c. à s. d'herbes de Provence	
2 c. à s. d'herbes panachées hachées	
1 c. à s. de crème épaisse	assaisonner avec du
sel	
poivre	inciser le filet dans le sens de la longueur, remplir avec la préparation aux herbes, ficeler, mettre dans un moule à feu
	peler, écraser
1 gousse d'ail	mélanger avec
1 c. à s. d'herbes de Provence	
2 c. à s. d'herbes panachées hachées	
3 c. à s. d'huile	épicer avec du
sel	
poivre	badigeonner le filet de tous côtés avec la préparation, laisser macérer 2 heures à couvert

	mélanger jusqu'à ce qu'elle soit fondue, assaisonner avec du sel, poivre, passer éventuellement au tamis
	laisser refroidir le chaud-froid, mélanger de temps en temps dès que la préparation prend, poser le rôti reconstitué sur une grille, glisser dessous un plat creux, arroser plusieurs fois
	hacher et mélanger
50 g de noix	servir la crème aux noix à part
accompagnement:	salade de brocoli, baguette.

Carré de porc au poivre
(en papillote)

	laver, éponger
1,5 kg de carré de porc	mélanger

	mettre le plat sans couvercle sur la grille du four préchauffé durant la cuisson retourner 2-3 fois la viande
four électrique:	225-250
four à gaz:	6-7
temps de cuisson:	environ 40 minutes laisser refroidir le filet cuit, ôter la ficelle, couper le filet en tranches, mettre sur un plat, garnir avec des
petites tomates **bouquets d'herbes**	
	pour la crème au gorgonzola battre
150 g de crème **épaisse**	passer au tamis, mélanger à la crème fraîche
125 g de gorgonzola	si vous préférez une crème très lisse, battre encore rapidement la crème au batteur électrique
accompagnement:	toasts, baguette.

Côtelettes fourrées aux fruits

	laver, éponger
4 côtelettes avec une **poche** **incisée (250 g**	

chacune)	laisser égoutter
4 petites tranches **d'ananas** **(en boîte)**	enrouler dans
4 tranches de jambon **cru**	dans chaque poche des côtelettes, enfiler une tranche d'ananas au jambon, fixer avec un bâtonnet de bois faire chauffer
1-2 c. à s. de beurre	y faire revenir les côtelettes de chaque côté durant 15-18 min, déposer les côtelettes cuites sur un plat, garnir avec du
persil	servir chaud ou froid.

Rosbif aux herbes

	laver, éponger, ôter peau et nerfs de
750 g de rosbif	frotter la viande de
sel	
poivre	peler, écraser
1 gousse d'ail	frotter la viande avec
1 c. à s. de moutarde	et l'ail écrasé, saupoudrer largement d'
herbes de provence	mettre sur la grille du four préchauffé dans un plat au bain-marie retourner le rosbif de temps en temps
four électrique:	225-250
four à gaz:	6-7

Côtelettes fourrées aux fruits

Rosbif aux herbes

temps de cuisson:	30-35 minutes laisser refroidir la viande cuite, couper en tranches, mettre sur un plat
accompagnement:	sauce rémoulade, baguette.

Rôti italien
(en papillote)

	sur
1,5 kg de ventre de porc avec une poche incisée	inciser la couenne en losange, laver la viande, éponger mettre
300 g de brocolis surgelés	dans
125 ml d'eau salée bouillante	porter à ébullition, faire cuire 10-15 minutes, laisser égoutter, mixer le brocoli couper en dés
75 g de lard	mélanger avec
2 c. à s. de farine de gruau **sel** **poivre** **noix de muscade**	assaisonner la farce avec frotter la viande à l'intérieur et à l'extérieur avec du sel, du poivre,
thym haché	mettre la farce dans la poche, coudre placer la viande sur une feuille d'alu assez grande, fermer la papillote, poser sur la grille du four préchauffé
four électrique:	200
four à gaz:	environ 3 1/2
temps de cuisson:	2 1/4-2 1/2 heures ôter la viande cuite du four, laisser reposer un peu, puis ouvrir la papillote, laisser refroidir la viande, couper en

tranches, dresser sur un plat, garnir avec du

romarin	
accompagnement:	pain de campagne, salade panachée.

Boulettes de viande à la syrienne

	laver, sécher, ôter la graisse de
750 g de viande d'agneau	passer à la grille fine du hachoir à viande avec
250 g de carottes cuites	peler, écraser
1-2 gousses d'ail	mélanger à la préparation à la viande
150 g de riz cuit (50 g de riz cru)	
2 œufs **sel** **poivre**	bien mélanger, assaisonner avec du
curry en poudre	préparer environ 50 boulettes de viande de la taille d'une noix, rouler la moitié dans
env. 10 c. à s. de graines de sésame	cuire les boulettes dans un
bain de friture	bouillant par petites portions durant 5 minutes env., laisser égoutter sur du papier absorbant, servir chaud ou froid

Boulettes de viande à la syrienne

Mets de printemps à la crème d'avocat

	pour la sauce
	mélanger
150 g de crème	
épaisse	avec
150 g de yaourt	épicer avec du sel, poivre, servir à part.

Mets de printemps à la crème d'avocat
(en papillote — 4 à 6 personnes)

	laver, sécher, ôter éventuellement peau et nerfs de
1 kg de viande de	
porc	épicer avec du
sel	
poivre	poser sur une feuille d'alu assez grande, fermer la papillote, mettre sur la grille du four préchauffé
four électrique:	200
four à gaz:	environ 3 1/2
temps de cuisson:	environ 1 1/2 heure
	nettoyer, laver, couper en tronçons de 5 cm
4 branches de céleri	nettoyer, couper en 2 dans le sens de la longueur, couper en tronçons de 5 cm, laver

2 poireaux moyens	ôter les parties abîmées de
2 fenouils	laver, couper en 4 ou en 8
	nettoyer, gratter, laver
2 grosses carottes	couper en bâtonnets de 5 cm de long sur 1/2 cm d'épaisseur
	plonger les légumes les uns après les autres dans de l'
eau bouillante salée	porter à ébullition
	branches de céleri 1-2 minutes, poireau 2-3 minutes, fenouil env. 8 minutes, carottes, pour finir, env. 5 minutes de cuisson
	ajouter peu de temps
4-6 petites tomates	plonger à l'eau froide, peler
	bien égoutter les légumes, disposer dans un grand plat
	pour la marinade
	mélanger
3 c. à s. d'huile	avec
3 c. à s. de vinaigre	
aux herbes	
sel	
poivre	répartir sur les légumes, de temps en temps amener toute la marinade dans un coin du plat, reverser à nouveau sur les légumes, laisser macérer 2-3 heures et laisser égoutter
	laisser refroidir la viande cuite, couper en tranches fines, dresser sur un grand

	plat avec les légumes, garnir avec du
persil	
	pour la crème à l'avocat
	couper en deux,
1 avocat mûr	dénoyauter, peler finement, mixer la chair ou écraser à la fourchette
	mélanger
1 c. à s. de jus de citron	peler, écraser, ajouter
1 gousse d'ail	ajouter cuillère par cuillère
125 ml d'huile	assaisonner avec du poivre
sel, oignon	
jus de citron	remplir les écorces d'avocat
	garnir avec du
persil	mettre sur le plat
accompagnement:	pain de campagne
conseil:	préparer la crème à l'avocat juste avant de servir, car l'huile peut se séparer de la mousse d'avocat si elle attend trop longtemps.

Steaks gourmets

	autour de
4 steaks dans le filet (150 g chacun)	enrouler une tranche de
4 tranches de lard	ficeler

	mélanger
3 c. à s. d'huile	avec
1 c. à t. de paprika doux	
poivre noir	en badigeonner les steaks, laisser macérer environ 30 minutes à couvert
	faire chauffer
2 c. à s. d'huile	faire dorer chaque steak de chaque côté 5-6 minutes
	ôter la ficelle, saupoudrer les steaks de
sel	poser chaque steak sur un des
4 toasts grillés	disposer sur les steaks
3-4 c. à t. de pickles	dresser les steaks sur un plat ou des assiettes, servir chaud ou froid.

Côtelettes aux oignons à la crème à la moutarde

	laver, éponger
4 côtelettes de porc (175-200 g chacune)	saupoudrer de
sel	
poivre	badigeonner finement de
moutarde de Dijon	peler finement, couper en petits dés
4 oignons	et
2 gousses d'ail	répartir sur les côtelettes
	presser un peu, poser sur une plaque

Côtelettes aux oignons à la crème à la moutarde

4 c. à s. d'huile	badigeonnée de mettre au four préchauffé
four électrique:	225-250
four à gaz:	4-5
temps de cuisson:	30-35 minutes déposer les côtelettes cuites sur un plat, garnir avec du
persil	servir chaud ou froid
	pour la sauce à la crème mélanger
150 g de crème **épaisse**	avec
1 1/2-2 c. à t. de **moutarde de** **Dijon**	mélanger, assaisonner avec du sel, du
curry en poudre	servir avec les côtelettes
conseil:	la cuisson des côtelettes au four est particulièrement avantageuse pour les grandes quantités.

Steak tartare

(Illustr. p. 66-67)

	peler, couper en petits dés
2 oignons	mélanger
500-700 g de tartare	avec
1 c. à s. d'huile	

Filet de veau avec crème aux noix

1-2 c. à t. de **moutarde**	
1 c. à t. de poivre vert **écrasé**	épicer avec du
sel	
paprika doux	
vinaigre	dresser le tartare en portions sur un plat ou dans des assiettes, garnir avec de la
marjolaine	faire un puits dans chaque part, y placer à chaque fois 1-2 des
6-8 jaunes d'œufs	servir avec
anneaux d'oignon	
poivre concassé	
cornichons	
civette	
paprika doux	
filets d'anchois	
câpres	
persil haché	
accompagnement:	pain de campagne.

Filet de veau avec crème aux noix

	laver, éponger, ôter éventuellement la peau et les nerfs de
1 filet de veau **(env. 600 g)**	épicer avec du
sel	
poivre	saupoudrer avec
1 c. à s. de farine	battre
1 œuf	en badigeonner la viande écraser
100 g de cerneaux de **noix**	y rouler la viande, appuyer légèrement faire chauffer
50 g de beurre	y faire revenir la viande de tous les côtés en la retournant prudemment avec deux fourchettes couvrir la viande et laisser cuire 15-20 minutes laisser refroidir la viande, couper en tranches, mettre sur un plat
	pour la crème aux noix peler et presser
1 gousse d'ail	mélanger avec
150 g de crème **épaisse**	épicer avec sel et poivre écraser et ajouter
50 g de cerneaux de **noix**	servir la crème avec la viande
accompagnement:	brocolis, baguette.

Médaillons aux amandes

(4 à 5 personnes)

	rincez
800 g de filet de	

Médaillons aux amandes

porc	à l'eau froide, en retirer les peaux et autres déchets, sécher la viande et la couper en tranches de 1,5-2 cm épicer avec du
sel	
poivre	tourner ensuite les tranches de viande dans
1 œuf battu	puis dans
75-100 g d'amandes effilées	bien enfoncer celles-ci dans les médaillons faire chauffer
40 g de beurre	et y mettre les tranches de viande à cuire de part et d'autre pendant 5-7 minutes laisser refroidir les médaillons, les disposer sur un plat de service et garnir de
cresson de fontaine	
	pour la sauce mélanger
3 c. à s. de mayonnaise	avec
2 c. à s. de crème épaisse	
2 c. à s. de yaourt	plonger rapidement
2 tomates	dans de l'eau bouillante (ne pas laisser cuire), les passer à l'eau froide, les peler, en retirer les pédoncules, les couper en deux et enlever les pépins couper la pulpe en dés ainsi qu'
1 cornichon	ajouter à la sauce avec
1 c. à c. de grains de poivre vert	

concassés	
1 c. à s. d'aneth haché	relever la sauce de poivre et servir en saucière avec la viande.

Bœuf aux légumes

	rincer
1 kg de bœuf désossé	à l'eau froide, sécher faire chauffer
2 c. à s. d'huile d'olive	et y mettre la viande à rôtir de toutes parts assaisonnez de
sel	nettoyer et laver
1 botte de légumes pour le potage	peler
3 oignons	
1 gousse d'ail	couper ces deux ingrédients en deux, les ajouter à la viande avec les légumes, laisser revenir doucement arroser avec
250 ml de vin rouge	
1,5 l de bouillon de viande	et ajouter encore
1-2 feuilles de laurier	
thym	à la préparation porter le tout à ébullition et laisser cuire pendant 1 1/2 heure retirer la viande de son bouillon de cuisson, laisser refroidir et tamiser le bouillon
	pour les légumes retirer les feuilles extérieures d'
1 chou frisé	le couper en deux ou en quatre et en retirer le trognon nettoyer et gratter
250 g de carottes	nettoyer et ôter les fils de
250 g de haricots verts	couper les extrémités de
250 g de courgettes	laver ces légumes et couper les courgettes en rondelles porter le bouillon de cuisson de la viande à ébullition, y mettre les légumes à cuire pendant 15-20 minutes couper la viande en tranches, les disposer sur un plat et les entourer de légumes parsemer de
persil haché accompagnement:	sauce aux fines herbes, pain de campagne.

GIBIER ET VOLAILLE

Un somptueux tableau

(Recette p. 84)

Gigue de chevreuil lardée

Gigue de chevreuil lardée
(4-6 personnes)

	laver, sécher, dépecer
2 kg de gigue de chevreuil	couper en lanières,
150 g de lard gras	mettre un moment au frais, pour finir, rouler dans du
poivre	en entourer la gigue, frotter la viande de poivre
sel	
sauge effeuillée	mettre dans un plat à rôtir rincé à l'eau froide
100 g de tranches de lard gras	poser la gigue par-dessus nettoyer, laver, ajouter à la viande
1 bouquet de légumes à potage	mettre le plat au four préchauffé dès que le jus brunit, ajouter selon nécessité
eau chaude	
four électrique:	200-225
four à gaz:	3-4
temps de cuisson:	50-60 minutes (la viande doit être rose à l'intérieur) laisser refroidir la gigue cuite, couper en tranches, disposer sur un plat, garnir avec des
airelles	

(en bocal)	
menthe fraîche	
accompagnement:	toast, beurre, sauce cumberland
conseil:	la viande de jeune chevreuil ne doit pas mariner avant la cuisson, mais si on le désire, on peut la mettre 2 jours dans du lait ou dans un torchon imprégné de vinaigre.

Canard aux figues

	laver, sécher
1 canard prêt à cuire	frotter l'intérieur de
sel	placer le dos en dessous dans un plat à rôtir rincé à l'eau froide, mettre sur la grille la plus basse du four préchauffé durant la cuisson, piquer de temps en temps sous les ailes et les cuisses pour que la graisse cuise mieux au bout de 30 minutes de cuisson, recueillir le jus écoulé, dès que le jus brunit, ajouter un peu d'
eau chaude	arroser de temps en temps le rôti avec du jus, remplacer peu à peu le liquide évaporé 10 minutes avant la fin de la cuisson,

saucisse, rabattre la pâte sur la viande,
la poser sur une plaque aspergée d'eau
froide (côté lisse vers le haut), garnir
avec la pâte réservée, répartir 2-3 trous
à la surface de la pâte

1/2 jaune d'œuf — battre
1 c. à t. de lait — avec
en badigeonner la surface de la pâte,
mettre la plaque au four préchauffé

four électrique: 200-225
four à gaz: 3-4
temps de cuisson: environ 35 minutes
ôter la viande cuite du four, laisser
refroidir, couper en tranches pas trop
fines, disposer sur un plat, garnir à son
gré de

prunes à cuire
pistaches
accompagnement: fenouil en salade.

Blancs de poulet sauce citron vert

4 blancs de poulet — laver, éponger
sel — épicer avec du
poivre
farine — rouler les blancs tout d'abord dans de la
1 œuf battu — puis dans
125 g d'amandes mondées hachées — et enfin dans
40 g de beurre ou de margarine — faire chauffer
y faire revenir la viande 8 minutes de chaque côté, laisser refroidir

pour la sauce
laver à l'eau chaude

2 citrons verts (non traités) — râper un peu de zeste, couper en deux, presser le jus
mélanger 4 c. à s. de jus avec le zeste râpé et

300 g de crème épaisse
2 c. à s. de citronnelle
2 c. à s. de vermouth sec — assaisonner avec du sel
disposer les blancs sur des

feuilles de laitue

Gigue de dindonneau à la sauce

env. 125 ml d'huile — assaison
vinaigre
sel
poivre — ajouter
2 bouquets de civette finement hachée — sortir
bouilli
légum
par-de
poser

civette
accompagnement: bague

Cuisse de poul

laver

4 cuisses de poulet (de ± 250 g) — méla
2 c. à s. d'huile
1 c. à t. de paprika doux
1 pincée de curry en poudre
sel, poivre — en
pou
gri
gri
qu

---

eau salée — badigeonner le canard avec de l'
mettre la chaleur au maximum pour que la peau soit bien dorée
four électrique: 200-225
four à gaz: 3-4
temps de cuisson: environ 1 3/4 heure
laisser refroidir le canard cuit, passer le jus de cuisson au tamis, dégraisser

pour la gelée
mélanger

1 c. à t. de gélatine en poudre
1 c. à s. d'eau froide — faire gonfler 10 minutes, mélanger au jus de cuisson encore chaud, mélanger jusqu'à ce qu'elle soit fondue
assaisonner le jus avec du sel
poivre — y mélanger
1 c. à s. de porto — mettre au frais
détacher la chair des os, couper en tranches, reposer sur la carcasse, dresser sur un plat, garnir avec de la
citronnelle — laver, égoutter, inciser en croix, écarter légèrement les bords pour former des fleurs et mettre autour du canard
4-6 figues fraîches — couper en dés le jus froid et pris, mettre sur le plat, garnir avec de la
citronnelle
accompagnement: toasts, beurre, salades.

Poularde farcie aux pistaches
(4-6 personnes)

1 poularde prête à cuire (± 1,5 kg) — laver, éponger

pour la farce
couper en petits dés

2 tranches de pain de mie — les imbiber de
3 c. à s. de porto — laver, égoutter, mixer
150 g de foie de volaille — mélanger les ingrédients avec
75 g de pistaches mondées broyées
75 g de bœuf haché
2 petits œufs — assaisonner avec du
sel, poivre — remplir la poularde avec la préparation, fermer l'ouverture avec un bâtonnet de bois ou coudre à la ficelle de cuisine
mélanger du sel, du poivre avec

2 c. à s. d'huile
1/2 c. à t. de paprika doux
1 pincée de curry en poudre — en badigeonner la poularde
placer dans un plat à rôtir rincé à l'eau

Canard aux figues

froid
que
peu

125 ml de bouillon de
poule instantané

four électrique: 200-
four à gaz: 3-4
temps de cuisson: env

rem
évap

lais
fice
pou
pla

pistaches

Filet d'oie fum

(Illustr. p. 80-81)

250 g de cerises aigres
75 g de sucre
3 pincées de
gingembre
en poudre

125 g de blancs d'oie
fumés en tranches
feuilles de salade
lavées
accompagnement:

la
sa

d
f
l

s

Poitrine d'o

750 g de poitrine
d'oie
sel
poivre
1 c. à t. de moutarde
forte

1 oignon

125 g de foie de veau
1-2 c. à s. de beurre
ou de margarine

2 c. à s. d'eau-de-vi
1 c. à s. de pistache
hachée
100 g de chair à
saucisse

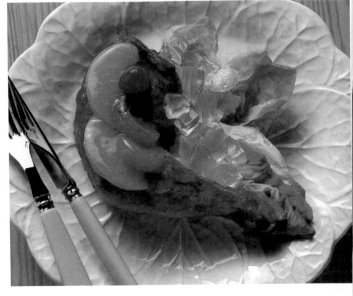

Cuisse de poulet garnie

entièrement recouvert de gelée
faire prendre le reste du liquide, le
couper en dés
disposer les cuisses de poulet sur un
plat, garnir avec les dés de gelée et des

petites feuilles de
laitue

Rôti de dinde grillé

1 kg de rôti de dinde
1 c. à s. d'huile
sel
paprika

laver, éponger, embrocher ou mettre
dans un plat à rôtir
mélanger
avec

Rôti de dinde grillé

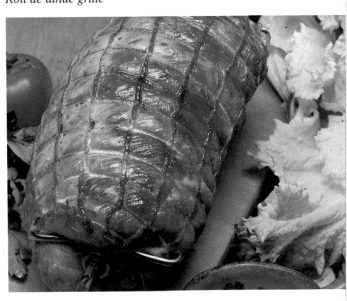

placer la préparation sur une moitié de
la poitrine d'oie, rabattre l'autre moitié

épaisse)

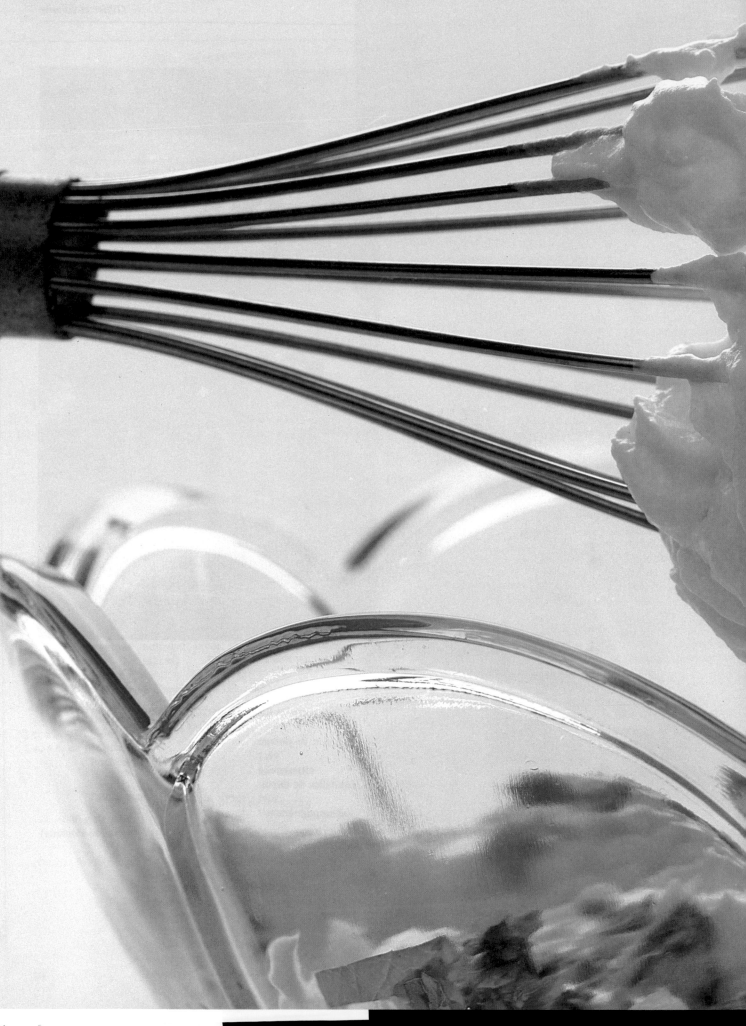

Aioli

	avec
sel	
jus de citron	
conseil:	servir avec
	ou du rôti f

Aioli

	peler et écra
4-5 gousses d'ail	mélanger av
125 g de mayonnaise	assaisonner
sel	
poivre	
poivre de cayenne	
jus de citron	servir avec d

Sauce aux noix
(environ 8 personnes)

	mélanger
150 g de crème	
épaisse	avec
125 g de crème	
fraîche	assaisonner de
sel	
poivre fraîchement	
moulu	hacher grossiè
50 g de cerneaux de	
noix	laver à l'eau ch
1 orange	
(non traitée)	prélever un zes
	l'écorce en lam
	finement le res
	l'orange
	mélanger à la s
	d'orange et le z
1 c. à s. de jus de	

Sauce rémoulade, accompagnee
raifort

Sauce rémoulad

	écaler
2 œufs cuits durs	passer l
	(garder
	mélange
1 jaune d'œuf cru	
sel	puis, en
	la moitié
125 ml d'huile	quand la
	ajouter
2 c. à s. de vi-naigre ou de jus de citron	
1 c. à t. de moutarde	puis battr
	hacher tr
1-2 c. à s. de câpres	

---

de papier sulfurisé, rabattre une moitié
de la feuille, tenir la feuille inférieure,
avec un couteau, pousser la feuille
supérieure sur le beurre pour obtenir un
rouleau
mettre au frais
ôter la feuille du beurre dur refroidi,
couper en tranches à l'aide d'un couteau
trempé dans de l'eau chaude
servir avec des steaks ou aussi du
poisson et des pommes de terre grillées.

Beurre d'anchois ou de sardines

	manier
125 g de beurre	ajouter
5 filets d'anchois finement hachés	
10 g de pâte d'anchois (en tube)	
2 c. à t. d'oignon en dés	mélanger au beurre.

Beurre au curry

	manier
125 g de beurre	ajouter
1 c. à s. de poudre de curry	mélanger au beurre
	assaisonner de
sel	

Beurre au paprika

	manier
125 g de beurre	ajouter
1 c. à s. de paprika doux	mélanger au beurre
	assaisonner de
sel	

Beurre à l'oignon

	manier
125 g de beurre	ajouter

Beurre au curry, beurre au paprika

Beurre à l'oignon

4 c. à s. d'oignon
rouge émincé mélanger au beurre
assaisonner avec

sel
poivre blanc
conseil: servir avec des steaks hachés ou du rosbif.

Crème de poulet piquante

couper en dés, dorer
100 g de lard ôter les dés de lard de la graisse
mélanger la graisse avec

200 g de pâté de foie
à tartiner
(en boîte) dépecer, passer au hachoir à viande ou hacher très fin

200 g de viande de
poulet cuite peler, écraser
1-2 gousses d'ail passer au hachoir ou hacher très fin
ajouter au pâté de foie

1 c. à s. de persil
haché bien mélanger
assaisonner de

sel
poivre mettre la préparation dans une petite terrine, mettre au froid
accompagnement: toast.

Beurre à la ciboulette

manier
125 g de beurre ajouter

6 c. à s. de ciboulette
finement hachée mélanger au beurre
assaisonner de

sel
poivre blanc
conseil: servir avec des grillades de porc ou des filets de poisson grillés.

Beurre au raifort

manier
125 g de beurre ajouter
3 c. à s. de raifort
râpé (en bocal) mélanger au beurre
assaisonner avec du

sel
conseil: servir avec de la truite au bleu ou du poisson bouilli.

Beurre au citron

manier
125 g de beurre laver à l'eau chaude, sécher
1-2 citrons
(non traités) peler finement, couper le zeste en très petits dés, ajouter au beurre
conseil: servir le beurre au citron avec du fromage frais, du miel ou de la confiture.

Beurre à la moutarde

manier
125 g de beurre ajouter
2 c. à c. de moutarde
jus d' 1/2 citron mélanger au beurre
assaisonner avec du

sel
conseil: servir avec des steaks de bœuf ou du steak haché.

Beurre au fenouil

manier
125 g de beurre ajouter
6 c. à s. de fenouil
haché mélanger au beurre
assaisonner avec

sel
poivre blanc
conseil: servir avec du saumon grillé ou du poisson à l'étouffée.

**BOUCHEES,
SANDWICHES ET
CANAPES**

Pour régaler vos gourmands
(Recette p. 101)

Pains à la bière

Pains à la bière

	mélanger
60 g de beurre mou	avec
1 c. à s. de moutarde	
1 c. à s. de raifort râpé	étaler sur
2 grandes tranches de pain de campagne	peler, couper en petits dés
1 oignon	mélanger avec
125 g de chair à saucisse	
2 c. à s. de bière blonde	assaisonner de
sel, poivre quelques gouttes d'essence d'oignons	avec les mains mouillées, former deux petites boules de préparation, poser chaque boulette sur une tranche de pain disposer sur les tranches
2 grandes tranches de jambon à l'os	couper en éventail
2 cornichons	nettoyer, laver
4 radis roses	peler, couper en anneaux
1 oignon	laisser égoutter
quelques petits oignons au vinaigre	
2 petits épis de maïs (en bocal)	
2 piments rouges	peler
2 petits raiforts	couper en spirales avec le couteau spécial, écarter légèrement les spirales garnir les pains avec les cornichons, les radis roses, les anneaux d'oignon, les petits oignons blancs, les épis de maïs, les piments, les spirales de raifort garnir avec du
persil	

Petites bourses

	griller
4 tranches de pain blanc	asperger avec
un peu d'eau-de-vie	saupoudrer de
poudre d'ail	laver, égoutter, déposer 2 feuilles de
8 feuilles de laitue	sur chaque tranche de pain saupoudrer de
sel	laver, sécher, ôter le pédoncule de
4 petites tomates	couper en tranches fines les tomates, saupoudrer de sel laisser égoutter, couper en deux
2 tranches d'ananas (en boîte)	entourer chaque moitié de tranche d'ananas avec une des
4 tranches de lard	faire fondre du
beurre	y faire dorer les ananas au lard de tous côtés poser sur chaque tranche de pain 1 tranche d'ananas au lard, asperger chacune avec un peu de
4 c. à s. d'eau-de-vie	piquer à l'extrémité des bâtonnets de bois avec
olives d'Espagne fourrées au poivron	

Petites bourses

Pain printanier, pain multicolore, pain au fromage blanc et aux radis roses

Pain printanier
(1 personne)

	nettoyer, gratter, laver
2-3 carottes (± 200 g)	peler, couper en quatre, épépiner
1 petite pomme	râper grossièrement les deux ingrédients, les mélanger, assaisonner avec du
jus de citron	
jus de pommes	tartiner
1 tranche de pain	avec du
beurre	répartir par-dessus
100 g de fromage demi-sel	dresser par-dessus la salade de carottes et de pommes garnir le pain avec
1 rondelle de citron cresson	

Pain multicolore
(1 personne)

	tartiner
1 tranche de pain	avec du
beurre	recouvrir de
feuilles de laitue lavées et épongées	poser par-dessus
1 tranche de jambon cuit	écaler
1 œuf cuit dur	laver, éponger
1 tomate	nettoyer, laver
3 radis roses	couper en tranches ces trois ingrédients dresser sur le jambon cru avec
4 rondelles de concombre	garnir le pain avec des
feuilles de fenouil	
civette	

Pain au fromage blanc et aux radis roses
(1 personne)

	nettoyer, laver
1 botte de radis roses	hacher fin une moitié, couper l'autre en rondelles mélanger
125 g de fromage blanc	avec
1 c. à s. de lait concentré	
1 c. à s. de civette finement hachée	assaisonner avec du
sel	
poivre	mélanger les radis hachés et 2/3 des radis en rondelles tartiner
1 tranche de pain	avec du
beurre	répartir par-dessus le fromage blanc aux radis, garnir le pain avec le reste des radis et de la
civette finement hachée	

Saumon sur pain
(Illustr. p. 98-99)

	nettoyer, gratter, laver
1/2 raifort	gratter quelques lamelles de raifort, réserver pour décorer, râper très fin le reste de raifort battre 1/2 minute
200 ml de crème fraîche	saupoudrer
1 paquet de d'épais-	

sissant pour crème	finir de battre en Chantilly
	ajouter le raifort, assaisonner avec du
sel	mettre la crème dans une douille à gros
	bout étoilé, répartir régulièrement sur
8 grandes tranches de	
saumon fumé	tartiner
4 tranches de pain	avec du
beurre au fenouil	poser par-dessus chaque fois 2
	rouleaux de saumon, garnir avec
	une lamelle de raifort
du caviar de saumon	
(en bocal)	
feuilles de fenouil	
cresson	

Pain gargantua

Canapés piquants à l'avocat

	couper en deux, peler, dénoyauter,
	couper en petits morceaux
1 avocat mûr	ajouter
80 g de roquefort	
80 g de beurre mou	mixer
	assaisonner avec du
jus de citron	
poivre blanc	
4 tranches de pain	tartiner avec un peu de crème d'avocat

Canapés piquants à l'avocat

complet	nettoyer, laver, ranger sur le bord des
	canapés
1 botte de cresson	laver, sécher, ôter le pédoncule de
4-6 tomates	couper en rondelles, ranger en écailles à
	l'intérieur du lit de cresson, mettre le
	reste de la crème à l'avocat dans une
	douille à bord denté, en décorer les
	tomates
	garnir à son gré les canapés de
rondelles de citron	

Pain Gargantua
(8 personnes)

	tartiner
8 tranches de pain bis	avec du
beurre	battre
8 œufs	avec
8 c. à s. de lait	
sel	faire chauffer dans une poêle
beurre ou	
margarine	y verser les œufs au lait, dès que la
	préparation commence à se boursoufler,
	détacher à la cuillère en bois du fond de
	la poêle, continuer à chauffer jusqu'à ce
	qu'il n'y ait plus de liquide
	laisser refroidir les œufs brouillés
	répartir sur les tranches de pain

	saupoudrer de
feuilles de fenouil hachées	déposer sur les rondelles de concombre
env. 150 g de crevettes ou de scampis	garnir avec des
feuilles de fenouil	

Pains des gourmets

	griller, couper les bords de
4 tranches de pain blanc	laver, égoutter
4 feuilles de laitue	placer 1 feuille de laitue sur chaque tranche de pain battre fermement
125 ml de crème fraîche	assaisonner avec
3-4 c. à s. de raifort râpé (en bocal)	
jus de citron sel	assaisonner avec du répartir grassement sur
8 tranches de saumon fumé	enrouler, placer sur chaque tranche de pain 2 rouleaux au saumon laisser égoutter
100 g de cœurs de palmier (en boîte)	couper en 8 rondelles, laisser égoutter
4 fonds d'artichauts (en boîte)	sur chaque tranche de pain, disposer 2 tranches de cœurs de palmier et 1 fond d'artichaut rempli de
un peu d'œufs de saumon (en bocal)	garnir chaque tranche de pain avec une des

Pains des gourmets

	peler, lever les filets, couper en 16 morceaux (4-5 cm)
1 anguille fumée	disposer sur chaque tranche de pain une tranche des
8 tranches de saumon fumé	placer à droite et à gauche un morceau d'anguille fumée peler, couper en anneaux
2-3 oignons	poser sur chaque tranche de pain 3 anneaux d'oignon remplir l'anneau central avec
30 g d'œufs de saumon (en bocal)	les anneaux extérieurs avec
50 g de caviar (en boîte)	garnir les tranches de pain avec du
cerfeuil	

Bouchée délicate

	tartiner
2 tranches de pain complet	avec du
beurre	couper en quatre laver, éponger, couper en 8 tranches
1 morceau de concombre	poser sur chaque morceau de pain 1 rondelle de concombre

Pains au crabe et aux feuilles de fenouil, à la salade de concombre, canapés au rosbif épicés, au jambon et au kiwi, au caviar et au jaune d'œuf, à la tomate et aux œufs brouillés

crabe frais	laver, couper en rondelles
1/2 concombre	nettoyer, laver, couper en rondelles
4 radis roses	dresser en écailles les rondelles de concombre et de radis à droite et à gauche à côté de chaque part de crabe, saupoudrer de
feuilles de fenouil hachées	

Canapés au rosbif épicés

	tartiner
4 tranches de pain complet	avec du
beurre	laver, éponger
4 feuilles de laitue	placer une feuille de laitue sur chaque tranche de pain
	disposer sur la laitue
200 g de rosbif (en tranches)	laver, couper en rondelles
1 morceau de concombre	garnir chaque tranche de pain avec 3 rondelles de concombre
	peler, laver, couper en fines lamelles
1 petit raifort blanc	garnir les canapés avec
2 c. à t. d'oignons grillés	

Canapés au jambon et au kiwi

	tartiner
4 tranches de pain complet	avec du
beurre	laver, éponger
4 feuilles de laitue	placer 1 feuille de laitue sur chaque tranche de pain
	peler, couper en rondelles
2 kiwis	dresser sur les feuilles de laitue avec
200 g de jambon fumé	

Pains à la salade de concombre

	tartiner
4 tranches de pain complet	avec du
beurre	laver, éponger
4 feuilles de laitue	placer une feuille de laitue sur chaque tranche de pain
	pour la salade de concombre
	laver, sécher, couper en fines rondelles
1 petit concombre	mélanger
2 c. à s. d'huile	avec
3 c. à s. de jus de citron	
sel, poivre	
1 bouquet de feuilles	

4 rondelles de citron	
olives d'Espagne fourrées au paprika	
cresson	servir à part le reste de la crème au raifort.

Pain au crabe et aux feuilles de fenouil

	tartiner
4 tranches de pain complet	avec du
beurre	laver, éponger
4 feuilles de laitue	placer 1 feuille de laitue au centre de chaque tranche
	répartir sur les feuilles
200 g de chair de	

de fenouil hachées	mélanger aux rondelles de concombre répartir la salade de concombre sur les feuilles de laitue couper en 16 tranches
200 g de gouda	disposer sur chaque tranche de pain 4 tranches de gouda laver, nettoyer, inciser plusieurs fois en croix
4 radis roses	garnir chaque tranche de pain avec un radis rose.

Canapés au caviar et au jaune d'œuf

	tartiner
4 tranches de pain complet beurre	avec du laver, bien égoutter
env. 80 g de mâche	répartir sur les tranches de pain, disposer sur les feuilles de mâche
env. 100 g de caviar (en bocal)	dresser sur le caviar dans une demi-coquille 1 jaune de
4 jaunes d'œufs	peler, couper en huit, dresser sur les canapés au caviar
1 oignon rouge	

Canapés à la tomate et aux œufs brouillés

	tartiner
4 tranches de pain complet beurre	avec du laver, égoutter

Bouchées au rosbif (p. 106)

4 feuilles de laitue	placer une feuille sur chaque tranche de pain laver, ôter le pédoncule, peler, couper en huit
4 tomates	dresser sur les feuilles de salade battre
4 œufs	avec
4 c. à s. de lait sel	faire chauffer dans une poêle
beurre ou margarine	y verser les œufs au lait dès que la préparation commence à se boursoufler, détacher du fond de la poêle avec une cuillère en bois, chauffer jusqu'à ce qu'il n'y ait plus de liquide répartir les œufs brouillés sur les tranches de pain, saupoudrer de
civette hachée	

Crackers garnis (p. 106)

Bouchées au rosbif (Illustr. p. 105)

	tartiner
4 tranches de pain bis	avec du
beurre	couper en quatre
	couper en deux
8 tranches de rosbif	replier légèrement, placer sur les tranches de pain, garnir avec des
câpres	

Crackers garnis (Illustr. p. 105)

	laisser égoutter éventuellement
250 g de fromage blanc	mélanger avec
150 g de crème épaisse	assaisonner avec du
sel	
paprika doux	mélanger
2 c. à t. d'herbes mélangées hachées	mettre la crème dans une douille à bout denté, en décorer
environ 25 crackers	garnir à son gré avec
olives fourrées coupées en deux	
petits morceaux de radis	
câpres	
anneaux d'oignon (roulés dans du paprika)	
rondelles de concombre	
persil	
cresson	
feuilles de fenouil	

Sandwich anglais

	tartiner
2 tranches de pain de mie	avec du
beurre	laver, éponger,
2 grandes feuilles de laitue	poser une feuille sur une tranche de pain
	badigeonner
3 tranches de rosbif	avec
3 c. à t. de mayonnaise aux herbes	déposer par-dessus des
morceaux de cornichons	
tomates coupées en huit	

Bouchées à l'orange et au fromage

anneaux d'oignon	enrouler, poser sur les feuilles de laitue, recouvrir avec la seconde feuille de laitue
	couper en petits dés
1/4 de poivron rouge préparé	
1 tranche de jambon cuit	répartir sur les feuilles, recouvrir avec le reste de pain de mie, couper le sandwich pour former des triangles.

Bouchées à l'orange et au fromage

	peler, couper en fines tranches
1-2 grosses oranges	couper à la taille des tranches d'oranges
8 petites rondelles de pain complet	tartiner avec du
beurre	placer sur chaque tranche une rondelle d'orange, recouvrir chacune avec un morceau de
150 g de roquefort	peler finement
1 orange (non traitée)	couper l'écorce en fines lamelles, en garnir les bouchées.

Sandwich géant

	couper en deux
1 petit pain	tartiner avec du
beurre	laver, éponger, poser sur la tranche inférieure
1 feuille de laitue	répartir par-dessus
1 c. à s. rase de mayonnaise	

Sandwich géant

3 tranches de saucisson	enroulées
	nettoyer, laver, couper en fines rondelles, ranger en écailles sur le saucisson
3 radis roses	saupoudrer de
sel	
poivre	
2 c. à s. d'herbes hachées	recouvrir de
1 tranche d'emmenthal	écaler, couper en rondelles
1 œuf cuit dur	poser par-dessus, recouvrir de la moitié supérieure du pain.

Sandwich berlinois

	tartiner
4 tranches de pain complet	avec du
beurre	laver, éponger
4 feuilles de laitue	poser une feuille sur chaque tranche de pain
	recouvrir de
4 tranches de saumon fumé	badigeonner de
3 c. à s. de raifort râpé	

(en bocal)	disposer sur chaque tranche une des
4 tranches de pomme pelées épépinées	asperger de
jus de citron	garnir de
feuilles de fenouil	tartiner avec du beurre
4 tranches de pain de mie	poser sur les rondelles de pomme couper les sandwiches en deux pour obtenir des triangles.

Canapés au fromage

	couper en très petits dés
100 g d'édam	mélanger avec
25 g de noisettes hachées	
10 g de noix hachées	
1-2 c. à s. de mayonnaise	
1 c. à s. de crème épaisse	décorer à la douille
10 petits pains à cocktail	garnir les canapés avec
cerises à cocktail	
noix coupées en deux	
persil	dresser sur des
feuilles de laitue lavées	

Sandwich berlinois

Canapés au jambon du pays

	avec un emporte-pièces rond (diamètre 4 cm) découper 10 rondelles de
tranches de pain de mie	faire fondre dans une poêle du
beurre	y faire dorer des deux côtés les rondelles de pain, poser sur un papier absorbant, laisser refroidir replier légèrement
10 petites tranches de jambon du pays	en garnir les rondelles de pain écaler, couper en deux, sortir le jaune de
1 œuf cuit dur	avec un presse-ail, en décorer les canapés.

Canapés au jambon de Parme et aux perles de melon

	avec un emporte-pièce rond (diamètre 4 cm), découper 10 rondelles dans des
tranches de pain de mie	faire fondre dans une poêle du
beurre	y faire dorer des deux côtés les rondelles de pain, poser sur un papier absorbant, laisser refroidir couper en deux
5 fines tranches de jambon de Parme	replier légèrement les tranches, en garnir les rondelles de pain épépiner
1/2 melon	prélever 10 boules de chair, placer 1 boule de melon sur chaque tranche de jambon saupoudrer de
poivre fraîchement moulu	

Canapés à la crème de fromage et au kiwi

	avec un emporte-pièce rond (diamètre 4 cm), découper 10 rondelles dans des
tranches de pain de mie	faire fondre dans une poêle, du
beurre	y faire dorer les rondelles de pain des deux côtés, poser sur du papier absorbant, laisser refroidir battre en crème
150 g de fromage double-crème	avec
1 c. à s. de crème fraîche	assaisonner avec un
zeste de citron	

Canapés : recettes p. 108 et 109

(non traité)	mettre la préparation au frais, remplir une douille à bout rond, décorer les rondelles de pain
	peler finement, couper en deux dans le sens de la longueur
1 kiwi	couper les moitiés en rondelles, presser une demi-rondelle dans le fromage à la crème.

	couper la pointe de manière à obtenir une ouverture très petite
	emplir de mayonnaise, en décorer un peu les rondelles, couvrir d'une tranche de blanc de poulet, décorer d'un peu de mayonnaise, poser par-dessus une seconde rondelle de poulet
	décorer les canapés de mayonnaise, garnir avec
env. 20 pistaches	

Canapés à la crème de foie et aux truffes

	avec un emporte-pièce rond (diamètre 4 cm) découper 10 rondelles dans des
tranches de pain de mie	
beurre	faire fondre dans une poêle du
	y faire dorer les rondelles de pain des deux côtés, mettre sur du papier absorbant, laisser refroidir
	bien mélanger
env. 80 g de crème de foie truffée	
(en boîte)	mettre au froid, emplir une douille à bout denté
	laver, éponger
10 petites feuilles de laitue	en garnir les rondelles de pain, décorer ensuite à la crème de foie
	couper en fines lamelles
1 truffe noire (en boîte)	en garnir les canapés.

Canapés à la crème au fromage blanc et aux radis roses

	avec un emporte-pièce (diamètre 4 cm), découper 10 rondelles dans des
tranches de pain de mie	
beurre	faire fondre dans une poêle du
	y faire dorer les rondelles de pain des deux côtés, mettre sur du papier absorbant, laisser refroidir
	mélanger
150 g de fromage blanc	avec
2 c. à s. de crème fraîche	peler, couper en tout petits dés
1 échalote	mélanger au fromage blanc
	assaisonner avec
sel	
poivre	mettre un peu au frais, emplir une douille à bout rond, décorer les rondelles de pain
	nettoyer, laver, couper en rondelles, couper en deux
6 petits radis	presser 4 demi-rondelles dans chaque canapé, garnir les canapés de
citronnelle	

Canapés au blanc de poulet et à la mayonnaise au raifort

	avec un emporte-pièce rond (diamètre 4 cm) découper 10 rondelles dans des
tranches de pain de mie	
beurre	faire fondre dans une poêle du
	y faire dorer les rondelles de pain des deux côtés, mettre sur du papier absorbant, laisser refroidir
	laver, éponger
125 g de blanc de poulet	saupoudrer de
sel	
poivre fraîchement moulu	faire chauffer
1 c. à s. d'huile	y faire dorer le poulet de tous côtés, mettre sur un papier absorbant, couper en petites tranches
	assaisonner
1 c. à s. de mayonnaise	avec du
raifort frais râpé (ou raifort en bocal)	former une douille de papier sulfurisé,

Canapés à la mousse de gibier et aux airelles

	avec un emporte-pièce rond (diamètre 4 cm) découper 10 rondelles dans des
tranches de pain de mie	
beurre	faire fondre dans une poêle du
	y faire dorer les rondelles de pain des deux côtés, mettre sur du papier absorbant, laisser refroidir
	mélanger
env. 80 g de pâté de gibier (en boîte)	avec
1 c. à t. d'eau-de-vie	mettre la préparation au froid, en remplir une douille à bout en zig-zag, en décorer les rondelles de pain
	garnir les canapés avec
1 c. à s. d'airelles	

PETITES GOURMANDISES

... qui font grand effet
(Recette p. 121)

Rouleaux de fromage de brebis marinés

Rouleaux de fromage de brebis marinés

	pour la farce
	écraser
375 g de fromage de brebis	mélanger avec
150 g de crème épaisse	
1 gousse d'ail	peler, presser
1 c. à s. de poivre vert	mélanger à la crème au fromage avec
quelques petites feuilles de basilic frais ou 1 c. à t. de basilic finement haché	laver
15 grandes feuilles de chou de Milan	mettre dans de l'
eau bouillante salée	porter à ébullition, faire cuire environ 2 minutes, égoutter, asperger d'eau froide, bien égoutter
	sur chaque feuille de chou, mettre env. 1 c. à s. de crème au fromage, enrouler les feuilles de chou, placer les unes à côté des autres dans un plat
	pour la sauce
	mélanger
125 ml d'huile d'olive	avec
125 ml de vin blanc	
1 c. à s. de jus de citron	
sel	épicer avec du
poivre	verser la sauce sur les rouleaux laisser macérer une nuit plonger

500-750 g de tomates mûres	dans l'
eau bouillante salée	(ne pas faire cuire), plonger à l'eau froide, ôter les pédoncules, peler, couper en deux, épépiner, couper la chair des tomates en dés, épicer avec du sel, poivre
basilic haché	peler, écraser
2 gousses d'ail	mélanger avec
1-2 c. à s. d'huile d'olive	faire macérer rapidement, mettre dans un plat, dresser les rouleaux dans un plat de service, garnir avec des
petites feuilles de basilic	servir les tomates à part
accompagnement:	pain complet ou baguette.

Œufs au fromage

	pour la pâte
	porter à ébullition de préférence dans une casserole
125 ml de lait	avec
1 c. à s. de beurre	
sel	tamiser
50 g de farine	verser d'un seul coup dans le lait ôté du feu, mélanger en une boule lisse,

Œufs au fromage

	chauffer 1 minute en tournant, mettre immédiatement la boule chaude dans une jatte mélanger peu à peu
2 œufs **50 g de fromage râpé** **noix de muscade** **râpée**	bien mélanger écaler
5 œufs cuits durs	rouler tout d'abord dans la pâte au fromage puis dans
3-4 c. à s. de farine de **gruau** **bain d'huile** **bouillante**	faire dorer les œufs au fromage dans un laisser égoutter sur du papier absorbant, couper en deux, disposer sur un grand plat avec du
cresson **accompagnement:**	accompagnement au yaourt (p. 93)

Toast de poulet Alexandre

Tartelettes garnies
(12 tartelettes)

300 g de champignons **de Paris**	nettoyer, laver, couper en fines tranches asperger de
3 c. à s. de jus de **citron** **sel, poivre** **herbes de Provence**	épicer avec du laisser macérer plusieurs heures mélanger
2 c. à s. de crème **épaisse**	assaisonner avec du sel, poivre découper à l'emporte-pièce (diamètre 8-9 cm)
6 tranches de **mortadelle**	inciser les tranches de mortadelle une fois jusqu'au centre, former chaque fois une petite poche,

Tartelettes garnies

	placer dans 6 de
12 tartelettes pour **prépara-** **tions salées** **(diamètre 6 cm env.,** **achetées** **toutes prêtes)**	inciser de la même manière jusqu'au centre
6 tranches de salami	former de petites poches, placer dans les 6 tartelettes restantes peu avant de servir, mettre les champignons dans les poches de charcuterie, garnir les tartelettes avec du
basilic **romarin**	

Toasts de poulet Alexandre

	prélever 4 blancs sur
2 poitrines de poulet	ôter gras et cartilage, laver, éponger, épicer avec du
sel, poivre	faire chauffer
1 c. à s. de beurre	y faire dorer les blancs de poulet environ 10 minutes de chaque côté env. 3 minutes avant la fin de la cuisson ajouter
8 tranches fines de **lard**	faire dorer en même temps griller
4 tranches de pain **beurre**	les tartiner avec du laver, égoutter sur du papier absorbant, poser sur les toasts
4 feuilles de laitue **4 tomates**	laver, sécher, ôter les pédoncules de couper en rondelles, dresser en écailles sur les feuilles de salade, saupoudrer de sel, poivre
1 c. à s. de civette	

Jardinière en couronne

finement hachée	dresser par-dessus les blancs de poulet et le lard assaisonner
4 c. à t. bombées de crème fouettée jus de citron	avec du sel, poivre et du placer 1 c. à t. de crème fraîche sur chaque part, saupoudrer de paprika doux, garnir avec du
persil conseil:	servir immédiatement le toast de poulet Alexandre peut aussi être servi froid. Pour cela, laisser égoutter les blancs et le lard cuits sur du papier absorbant, laisser refroidir dans une assiette juste avant de servir, toaster des tranches de pain de mie et les dresser avec les ingrédients cités dans le même ordre.

Jardinière en couronne

pour la pâte
porter à ébullition de préférence dans une casserole

125 ml d'eau	avec

30 g de beurre ou de margarine	mélanger
75 g de farine	avec
20 g de Maïzena	tamiser, renverser d'un coup dans le liquide ôté du feu, mélanger en une boule lisse, faire chauffer environ 1 minute, mettre immédiatement la boule chaude dans une jatte, mélanger peu à peu
2-3 œufs	inutile de mettre trop d'œufs si la pâte brille beaucoup et tombe de la cuillère en faisant de grandes pointes mélanger dans la pâte refroidie
1 1/2 g de levure en poudre	mettre la pâte dans une douille à grande ouverture en étoile sur une plaque beurrée et farinée tracer un cercle (diamètre 20 cm) mettre au four préalablement chauffé
four électrique:	200-225
four à gaz:	4-5
temps de cuisson:	environ 30 minutes durant les 15 premières minutes de cuisson, ne pas ouvrir la porte du four, car sinon le biscuit retomberait; dès la fin de la cuisson, couper immédiatement le biscuit en deux horizontalement *pour la farce* préparer selon le mode d'emploi

Œufs pochés garnis

1 paquet de macédoine de printemps surgelée	égoutter et laisser refroidir peler, couper en dés, mélanger aux légumes
125 g de cervelas	avec
2 bonnes c. à s. de mayonnaise **sel** **poivre**	épicer avec du bien laisser macérer, assaisonner éventuellement encore avec du sel, poivre mettre une partie de la préparation dans l'anneau, et le reste au centre de l'anneau de pâtc poser le couvercle de l'anneau sur les légumes garnir le centre d'
herbes	

Œufs pochés garnis

	porter à ébullition
1 l d'eau	avec
2 c. à s. de vinaigre	casser les uns après les autres
4 œufs	les faire glisser doucement dans une louche, mettre délicatement dans l'eau bouillante (sur le gaz, diminuer la flamme; sur une plaque électrique, mettre sur 0) au bout de 5 minutes, sortir les œufs avec une écumoire, passer rapidement à l'eau froide, laisser refroidir laver, sécher, ôter les pédoncules de
4 tomates	couper en rondelles peler, couper en rondelles
300 g de concombre	ôter les taches brunes éventuelles de
1 petit fenouil	le laver, couper en quatre, couper en

	rondelles nettoyer, laver, couper en tranches
100 g de champignons de Paris	asperger de
1 c. à s. de jus de citron	saupoudrer de
sel, poivre	laisser macérer environ 10 minutes répartir les légumes en couronne sur quatre assiettes asperger de
1-2 c. à s. de jus de citron **sel** **poivre** **2 c. à s. de civette finement hachée**	saupoudrer de mettre un œuf dans une des
4 tranches de jambon cuit	rabattre le jambon; placer près de la couronne de légumes ôter la croûte de
125 g de gorgonzola	passer le fromage au tamis battre
150 g de crème épaisse **2 c. à s. d'herbes panachées hachées**	mélanger le gorgonzola et répartir la crème au gorgonzola sur le jambon
accompagnement:	pain de campagne, beurre.

Rouleaux de jambon au fromage blanc et raifort

pour le fromage blanc au raifort
dans une petite casserole, mélanger

1 c. à t. de gélatine	

Rouleaux de jambon au fromage blanc et raifort

Scampis à l'américaine

en poudre	et
2 c. à s. d'eau froide	faire gonfler 10 minutes, chauffer en remuant jusqu'à ce qu'elle soit fondue mélanger
250 g de fromage blanc maigre	
2-4 c. à s. de raifort râpé (en bocal)	
1 c. à s. de jus de citron	assaisonner avec du
sel	battre fermement
250 ml de crème fraîche	ajouter la solution de gélatine tiède, finir de battre la crème, ajouter délicatement au fromage blanc, assaisonner éventuellement encore une fois, répartir sur
8 grandes tranches de jambon cuit	enrouler, dresser les rouleaux de jambon sur le plat avec des
quartiers de tomate persil	
accompagnement:	toasts.

Scampis à l'américaine
(2 personnes)

	peler, couper en petits dés
1 oignon	peler, écraser
1 gousse d'ail	plonger rapidement à l'eau bouillante (ne pas faire cuire)
4 tomates	plonger à l'eau froide, ôter le pédoncule, peler, couper en deux, épépiner, couper la chair en dés faire fondre
1 c. à t. de beurre	y faire revenir les dés d'oignon, l'ail et les dés de tomates saupoudrer de

1 c. à t. de farine	ajouter
100 ml de vin blanc	porter à ébullition en remuant laisser cuire environ 10 minutes mélanger
150 g de crème épaisse	
200 g de scampis assez gros	faire cuire, assaisonner avec du
sel	
poivre	
poivre de Cayenne	
épices	mettre les scampis à l'américaine dans un plat garnir à son gré de
feuilles de fenouil	
temps de cuisson:	25-30 minutes
accompagnement:	baguette.

Viande marinée aux herbes

	laver, sécher, éventuellement dépecer
375 g de filet de porc	couper en tranches de 3 mm d'épaisseur laver, sécher, éventuellement dégraisser
375 g de rosbif	couper en long en 3 morceaux, les couper en travers en tranches de 3 mm d'épaisseur faire chauffer
5 c. à s. d'huile	y faire dorer par portions les tranches de viande durant 3 minutes, déposer sur un plat avec le jus saupoudrer de
sel	
poivre	
	pour la marinade mélanger
4 c. à s. d'huile	avec
3-4 c. à s. de vinaigre de vin rouge	

Viande marinée aux herbes

1 c. à t. de moutarde de Dijon	épicer avec du sel, poivre
2 c. à t. de poivre rose	ajouter
2 c. à s. de persil haché	
1-2 c. à s. de feuilles de fenouil hachées	
1-2 c. à s. de cerfeuil haché	
2 c. à s. de civette hachée	mélanger la marinade à la viande, bien laisser macérer, remuer de temps en temps, assaisonner éventuellement encore une fois avec du sel, poivre
vinaigre de vin rouge	servir avec la marinade dans un plat, garnir avec des
bouquets d'herbes	
accompagnement:	baguette ou pommes de terre sautées, salade.

Assiette de viande multicolore

	ôter éventuellement les fils de
375 g de haricots verts	laver, égoutter, couper en morceaux, mettre dans
250 ml d'eau bouillante salée	porter à ébullition, faire cuire 10-15

	minutes et laisser égoutter
	laver, sécher, ôter les pédoncules, couper en deux, épépiner,
375 g de tomates	couper les tomates en dés
	pour la sauce salade
	peler, couper en petits dés
1 oignon	peler, écraser
1 gousse d'ail	mélanger les deux ingrédients avec
2 c. à s. d'huile d'olive	
2 c. à s. de jus de citron	assaisonner avec du
sel	
poivre	mélanger aux haricots, bien laisser macérer, ajouter les dés de tomates, assaisonner la salade de sel, poivre, disposer sur une grande assiette
	rouler
8 grosses tranches de viande de bœuf (env. 300 g)	disposer sur la salade
accompagnement:	petits pains de seigle, beurre.

Demi-pommes au lard

	peler, couper en deux, épépiner
4 pommes moyennes	badigeonner un gril avec de l'
huile	poser par-dessus les pommes la tranche

Assiette de viande multicolore

Demi-pommes au lard

	vers le bas, faire griller sous le gril préchauffé, sortir les demi-pommes, retourner, dans chaque cœur de pomme mettre 1 c. à s. de
8 c. à s. de sherry	poser par-dessus 1 tranche des
8 fines tranches de lard	recouvrir avec 1 tranche des
8 tranches de gouda	faire cuire environ 5 minutes au gril préchauffé jusqu'à ce que le fromage commence à fondre
	répartir les demi-pommes sur des
feuilles de laitue lavées	saupoudrer de
paprika doux	garnir avec du
persil	

Filet de porc à la chinoise

	laver, sécher, ôter éventuellement la peau et les nerfs de
2 filets de porc	nettoyer, laver
80 g d'oignons de printemps	peler
1 gousse d'ail	couper les deux ingrédients en dés mélanger avec
6 c. à s. de sauce soja	
2 c. à s. de sherry medium	
gingembre râpé	
sel	mettre la viande dans un petit plat, verser la marinade par-dessus, recouvrir d'alu, laisser macérer une nuit mélanger en chauffant
2 c. à s. de miel	avec
2 c. à s. de sucre de canne	jusqu'à ce que le sucre soit fondu sortir la viande de la marinade, égoutter, badigeonner de la préparation

	au miel dans une poêle, faire chauffer
2 c. à s. d'huile	y faire dorer rapidement les filets de tous côtés, verser la marinade sur la viande, mettre la poêle sur la grille du four préchauffé durant la cuisson, ajouter éventuellement à la viande
3-4 c. à s. d'eau	
four électrique:	225-250
four à gaz:	environ 5
temps de cuisson:	environ 20 minutes sortir la viande cuite du four, la laisser refroidir, couper en tranches très fines, disposer sur un plat, recouvrir de jus de viande garnir avec des
herbes	
accompagnement:	baguette, salade de mâche.

Médaillons de veau sur toast à la sauce hollandaise

	dans
4 tranches de pain de mie	découper des disques (diamètre 8 cm env.), faire chauffer dans une poêle du
beurre	y faire dorer les rondelles de pain des deux côtés aplatir légèrement
4 escalopes de veau	faire chauffer de la
margarine	y faire griller les escalopes 5 minutes de chaque côté, arroser de temps en temps avec le jus de cuisson afin qu'elles restent mœlleuses saupoudrer les médaillons de
sel	
poivre	les dresser sur les toasts, garnir avec des
herbes	
	pour la sauce hollandaise faire fondre
100 g de beurre	laisser refroidir un peu battre au bain-marie
2 jaunes d'œufs	
1 c. à t. de vinaigre d'estragon	avec
2 c. à s. d'eau	jusqu'à ce que la préparation épaississe incorporer le beurre, assaisonner la sauce avec du
sel	
poivre	
jus de citron	maintenir au bain-marie jusqu'au moment de servir afin qu'elle ne tourne pas servir les médaillons chauds ou froids avec la sauce
temps de chauffage:	environ 6 minutes
accompagnement:	salade verte.

Asperges impériales

de Parme | verser une partie de la sauce sur les asperges, servir le reste à part
garnir les assiettes avec du

persil
accompagnement: | baguette.

Rouleaux rôtis

  | couper en tranches très fines, si possible de la même taille
500-600 g de rôti de porc
350 g de jambon cuit | mélanger
150 g de pâté de foie | avec
1 petit verre d'eau-de-vie | assaisonner avec du
poivre fraîchement moulu | étaler sur chaque tranche de viande une

Rouleaux rôtis

Asperges impériales

  | peler de haut en bas
1 kg d'asperges | veiller à ôter complètement les parties filandreuses et la peau sans abîmer les têtes, les mettre dans
env. 1 l d'eau bouillante salée | ajouter
1 c. à s. de beurre | porter les asperges à ébullition, faire cuire en 25 minutes, égoutter et laisser refroidir
faire chauffer dans une casserole en battant constamment
125 ml de vin blanc | avec
2 jaunes d'œufs
1 c. à t. rase de Maïzena
sel | jusqu'à ce que monte une bulle d'air ôter du feu, laisser refroidir en tournant battre
150 g de crème épaisse | ajouter à la crème au vin assaisonner avec du sel
poivre | répartir les asperges dans quatre assiettes, saupoudrer de
1 c. à s. de persil haché | disposer à côté de chaque part d'asperges 2 tranches des
8 tranches de jambon

fine couche de pâté de foie, poser par-dessus une tranche de jambon, enrouler, couper les rouleaux en deux, fixer avec un bâtonnet de bois

pour la marinade
peler, écraser

1-2 gousses d'ail	mélanger avec
5 c. à s. de vinaigre de vin	
1 c. à t. de sel	
1 c. à s. de thym finement haché	
env. 125 ml d'huile	disposer les rouleaux en couches dans un plat creux, verser la marinade par-dessus, laisser macérer une nuit à couvert
	juste avant de servir, sortir les rouleaux de la marinade, laisser égoutter, dresser dans une coquille de
feuilles de laitue lavées	
accompagnement:	baguette, salade panachée.

Saumon fumé et haricots citronnés à la crème de fenouil

Saumon fumé et haricots citronnés à la crème au fenouil

	ôter éventuellement les fils de
500 g de haricots verts	laver, mettre dans
250-500 ml d'eau bouillante salée	porter à ébullition, faire cuire environ 15 minutes, égoutter
	pour la sauce salade peler, couper en dés
1 petit oignon	mélanger avec
2 c. à s. d'huile	
2 c. à s. de jus de citron	assaisonner avec du
sel	
poivre	mélanger aux haricots, bien laisser macérer, assaisonner la salade avec du sel, poivre
jus de citron	répartir les haricots sur 4 assiettes, sur chaque part, dresser 1/4 de
200 g de tranches de saumon fumé	garnir avec des
rondelles de citron (non traité)	battre
150 g de crème épaisse	ajouter le
zeste râpé de 1 citron (non traité)	
1 c. à s. de feuilles de fenouil hachées	assaisonner avec du sel, poivre mettre la préparation dans une douille à bout rond, répartir sur les rondelles de citron, garnir les assiettes avec des

feuilles de fenouil	
accompagnement:	toasts.

Œufs fourrés à la française

	laver soigneusement
8 œufs	couper le bout pointu de manière à conserver les 2/3 de la coquille
	pour les œufs au cerfeuil verser le contenu de 4 œufs dans une assiette, battre avec
2 c. à s. de cerfeuil haché	
sel	
poivre	faire fondre dans une petite casserole
1 c. à s. de beurre	y mettre les œufs battus, mettre le récipient dans de l'eau bouillante, porter l'eau à ébullition, faire coaguler la préparation en remuant lentement, verser encore chaud dans les 4 coquilles d'œufs, laisser refroidir garnir avec des
lamelles d'olives noires	
feuilles de livèche	

Œufs fourrés à la française

pour les œufs au poivron
verser le contenu des quatre œufs restants dans une assiette, battre avec du sel, poivre

2 c. à s. de très fines lamelles de poivron rouge
1 c. à s. de beurre
faire fondre dans une petite casserole y verser la préparation, mettre le récipient dans de l'eau chaude, porter l'eau à ébullition, faire coaguler lentement les œufs en remuant, verser encore chauds dans les 4 coquilles laisser refroidir, garnir avec des

tranches de limettes coupées en quatre (non traitées)
rondelles d'olives
caviar de saumon (en bocal)
répartir les 8 œufs garnis à son gré sur du

gros sel de mer
temps de cuisson:
pour les œufs au cerfeuil: 5-6 minutes
pour les œufs au poivron: 5-6 minutes
accompagnement: toasts ou pain bis, beurre.

Caviar
(1 personne - Illustr. p. 110-111)

dresser bien froid dans une coupe
env. 50 g de caviar (en bocal) garnir avec des
rondelles de citron ou quartiers de citron
rondelles d'œufs
accompagnement: toast, beurre.

GELEES, ASPICS

Parce que c'est si facile et si bon
(Recette p. 129)

Gelée

Règles	1. pour geler 500 ml de liquide employer 1 paquet (9 g) de gélatine en poudre ou 6 feuilles de gélatine
	2. mélanger la gélatine en poudre avec de l'eau froide, faire gonfler 10 minutes et – s'il n'y a pas d'autre indication dans la recette – faire chauffer en remuant jusqu'à ce qu'elle soit fondue, éventuellement mettre au frais, mélanger aux aliments à "geler" ou laisser ramollir les feuilles de gélatine dans de l'eau, faire fondre dans du liquide chaud
	3. Le liquide avec la gélatine fondue ne devient ferme que si il a été suffisamment longtemps au frais, au cas où la température de la pièce est supérieure à 23° C. la gélatine fondue ne reprend plus: il faut dès lors préparer les plats en gelée quelques heures avant leur consommation (de préférence la veille au soir) et mettre au réfrigérateur
	4. Si les plats en gelée doivent être renversés, les mettre dans un moule rincé à l'eau froide pour qu'il soit facile de renverser les mets, plonger un instant le moule dans de l'eau chaude, détacher le mets du bord au couteau
	5. pour conserver un liquide clair, le "clarifier" de la manière suivante: dégraisser le bouillon froid, écraser une coquille d'œuf, battre avec 1 blanc d'œuf, 3 c. à s. d'eau froide, mettre dans le bouillon, faire chauffer en battant sans cesse jusqu'avant l'ébullition, le blanc d'œuf coagule alors et lie les éléments en suspension dans le bouillon mettre le bouillon au froid, laisser reposer jusqu'à ce qu'il soit clair, écumer, passer à travers un torchon propre.

Bouillon pour gelée

	laver
500 g d'os de bœuf ou de veau coupés fin	
250 g de viande de bœuf (jarret)	
ou	
500 g d'os de volaille	
coupés fins	
500 g de viande de poulet	
ou	
500 g d'os de gibier coupés fin	
250 g de viande de gibier	
ou	
500 g d'arêtes de poisson	
250 g de chair de poisson	mettre dans
1,5 l d'eau froide salée	porter à ébullition, écumer nettoyer, laver, couper fin
1 bouquet de légumes à potage	mettre dans le bouillon avec
1 petite feuille de laurier	
quelques grains d'épices	porter à ébullition, faire cuire, sortir les os (arêtes) et viande du bouillon passer le bouillon au tamis laisser refroidir, dégraisser
temps de cuisson pour le bouillon de viande:	2-2 1/2 heures
pour le bouillon de volaille:	environ 1 1/2 heure
pour le bouillon de gibier:	2-2 1/2 heures
pour le bouillon de poisson:	1-1 1/2 heure
variante:	pour un bouillon piquant et épicé faire cuire en même temps 1 oignon moyen pelé, frit, quelques dés de lard ou d'os de côtelette de porc fumée, pour un bouillon de gibier brun, faire revenir dans du beurre les os, la viande, 1 oignon pelé, puis plonger dans l'eau salée.

Gelée bulgare à la crème au yaourt

	mettre
600 g de légumes panachés surgelés (petits pois, maïs, poivrons)	dans
125 ml d'eau bouillante salée	porter à ébullition, faire cuire environ 5 minutes, égoutter et laisser refroidir mélanger
2 paquets (18 g) de gélatine en poudre	avec
6 c. à s. d'eau froide	faire gonfler 10 minutes porter à ébullition

Gelée bulgare à la crème au yaourt

500 ml de bouillon de viande épicé, dégraissé	ôter du feu, ajouter la gélatine, tourner jusqu'à ce qu'elle fonde mélanger
250 ml de vin blanc 6 c. à s. de vinaigre de vin sel poivre sauce Worcester	assaisonner avec du rincer à l'eau froide un moule à cake (30 cm de long), verser du bouillon pour recouvrir le fond, faire prendre au réfrigérateur mélanger
300 g de fromage de brebis 50 g de beurre mou 3 c. à s. de crème fraîche 1 c. à s. de poivre vert basilic haché	avec avec les mains mouillées, sur un plan de travail rincé à l'eau froide, mouler un rouleau de la taille du moule sur la longueur du moule, ranger en écailles
10-12 grandes feuilles de vigne au vinaigre	y enrouler le fromage, ranger en écailles les unes à côté des autres

6 tranches de jambon cuit	enrouler les rouleaux de feuilles de vignes au fromage dans les tranches de jambon, poser au milieu de la surface de l'aspic, répartir les légumes tout autour, verser par-dessus le reste du bouillon, faire prendre au réfrigérateur avant de servir, tremper rapidement le moule dans de l'eau chaude, détacher délicatement la gelée du bord avec un couteau, renverser sur un plat disposer en écailles sur l'aspic
3-4 rondelles de citron (non traité) coupées en quatre persil	garnir avec du
	pour la crème au yaourt mélanger
150 g de crème épaisse 150 g de yaourt 3 c. à s. d'herbes panachées hachées 1 c. à t. de moutarde forte sel poivre accompagnement:	avec assaisonner avec du pain de seigle, beurre.

Gelée au madère, au vin ou au sherry

	mélanger
1 paquet (9 g) de gélatine en poudre	avec
5 c. à s. d'eau froide	faire gonfler 10 minutes mesurer
375 ml de bouillon à aspic	porter à ébullition, ôter du feu, ajouter la gélatine, tourner jusqu'à ce qu'elle fonde mélanger
4-8 c. à s. de madère ou 4-8 c. à s. de vin blanc ou 4-8 c. à s. de sherry dry	on peut employer la gelée pour arroser des terrines, des pâtés, et pour glacer des viandes, des rôtis, des volailles ou du poisson.

Filets de truites en gelée à la sauce au raifort

(6 portions)

	mélanger
1 paquet (9 g) et 1 c. à t. de gélatine en poudre	avec
4 c. à s. d'eau froide	faire gonfler 10 minutes porter à ébullition
375 g de bouillon de viande épicé dégraissé 4 baies de genévrier 1 petit oignon pelé quelques grains de poivre un peu de safran	avec porter à ébullition, faire bouillir environ 5 minutes, passer à travers un torchon, porter à nouveau le bouillon à ébullition, ôter du feu, verser la gélatine, mélanger jusqu'à ce qu'elle soit fondue ajouter
250 ml de vin blanc 1 c. à s. de vinaigre de vin blanc sel poivre tabasco	assaisonner avec laisser égoutter
150 g de pointes d'asperges cuites	écaler, couper en rondelles
6 œufs cuits durs	laver, sécher, ôter le pédoncule de
2 tomates	les couper en rondelles peler

Filets de truites en gelée à la sauce au raifort

6 filets de truites fumées	dresser les ingrédients sur 6 assiettes, garnir avec des
feuilles de fenouil	répartir le bouillon dans les 6 assiettes, faire prendre au réfrigérateur
	pour la sauce au raifort mélanger
150 g de crème épaisse	avec
1-2 c. à s. de raifort râpé (en bocal)	assaisonner avec du
jus de citron sel	
accompagnement:	toasts.

Gelée de tomates

	mélanger
1 paquet (9 g) et 1 c. à t. de gélatine en poudre	avec
6 c. à s. d'eau froide	faire gonfler 10 minutes porter à ébullition
500 ml de jus de tomate	ôter du feu, ajouter la gélatine, tourner jusqu'à ce qu'elle fonde

	plonger rapidement à l'eau bouillante (ne pas faire cuire)
2 tomates	plonger à l'eau froide, ôter les pédoncules, peler, couper en deux, épépiner, couper la chair en dés
	peler
1 petit oignon	couper en petits dés, mélanger au liquide de tomates avec les dés de tomates et
2 c. à s. de civette finement coupée	rincer un moule rond avec de l'eau froide, verser le liquide de tomates, faire prendre au réfrigérateur
	avant de servir, plonger rapidement le moule dans de l'eau chaude, détacher la gelée du bord avec un couteau, renverser sur un plat, garnir avec des
rondelles d'œufs durs cresson accompagnement:	viandes froides.

Gelée multicolore

	mélanger
2 paquets (18 g) de gélatine en poudre	avec
6 c. à s. d'eau froide	faire gonfler 10 minutes
	porter à ébullition
1 l de bouillon épicé dégraissé	ôter du feu, ajouter la gélatine, tourner jusqu'à ce qu'elle soit fondue, mélanger
8 c. à s. de vinaigre	assaisonner avec du
sel	rincer à l'eau froide un moule à cake (30 cm de long)
	verser du bouillon pour recouvrir le fond, faire prendre au réfrigérateur
	ôter la peau de
250 g de cervelas	laver

	ajouter
2-3 c. à s. de jus de citron	
6 c. à s. de vodka tabasco sel de céleri sel d'ail	assaisonner le liquide avec
sel, poivre	laisser reposer un moment

Gelée de tomates

Gelée multicolore

4 tomates moyennes couper les deux ingrédients en dés
hacher fin
4 cornichons moyens écaler,
6 œufs cuits durs hacher fin 4 œufs (réserver 2 œufs coupés en rondelles pour la garniture)
5 c. à s. de persil grossièrement haché dresser les rondelles d'œufs sur le fond de l'aspic, répartir par-dessus la moitié du cervelas, verser par-dessus env. 125 ml de bouillon, faire prendre au réfrigérateur
disposer maintenant en couches dans l'ordre suivant: la moitié des cornichons hachés
verser par-dessus env. 125 ml de bouillon, faire prendre la moitié des dés de tomates saupoudrés de la moitié du persil
verser par-dessus env. 125 ml de bouillon, faire prendre
les œufs hachés fin
verser par-dessus env. 125 ml de bouillon, faire prendre
le reste des tomates saupoudrés du reste du persil
verser par-dessus env. 125 ml de bouillon, faire prendre
le reste des cornichons hachés
verser par-dessus env. 125 ml de bouillon, faire prendre
le reste des dés de cervelas
verser par-dessus le reste du bouillon, faire prendre
avant de servir, tremper rapidement le moule dans de l'eau chaude, détacher délicatement la gelée du bord avec un couteau, renverser sur un plat
accompagnement: pain bis et beurre, ou pommes de terre sautées.

Poularde en gelée au sherry

laver
1 poularde prête à cuire mettre dans
1,5 l d'eau bouillante salée porter à ébullition, écumer, faire cuire en 45 minutes environ
nettoyer, laver, couper fin
1 bouquet de légumes à potage les ajouter
environ 20 minutes avant la fin de la cuisson, nettoyer, gratter
2 carottes moyennes laver, ajouter
sortir la poularde cuite du bouillon, laisser refroidir, ôter peau et os, couper la chair en dés
découper les carottes en rondelles avec un couteau spécial denté
passer le bouillon à travers un torchon, laisser refroidir, dégraisser, en mesurer
750 ml
mélanger
2 paquets (18 g) de gélatine en poudre avec
6 c. à s. d'eau froide faire gonfler 10 minutes
porter le bouillon mesuré à ébullition, ôter du feu, ajouter la gélatine, tourner jusqu'à ce qu'elle fonde
mélanger
100 ml de sherry dry
3 c. à s. de jus de citron assaisonner avec
sel
poivre
sauce Worcester rincer un moule ou un plat (env. 1,5 l de contenu) à l'eau froide, recouvrir le fond de bouillon au sherry, faire prendre au réfrigérateur
nettoyer, laver, couper en tronçons
2 branches de céleri mettre dans de l'
eau bouillante salée porter à ébullition, faire cuire environ 1 minute, asperger d'eau froide, égoutter
nettoyer, laver
125 g de champignons de Paris mettre dans l'eau bouillante salée, porter à ébullition, faire cuire environ 1 minute, rincer à l'eau froide, faire égoutter, couper en quatre
garnir la surface de l'aspic avec les rondelles de
carottes
petits bouquets de persil puis répartir alternativement par-dessus un peu de viande, de carottes, de céleri en branches, de champignons, empiler jusqu'à l'épuisement des ingrédients, recouvrir du reste de bouillon au sherry, faire prendre au réfrigérateur, juste avant de servir, tenir rapidement le moule sous l'eau chaude, détacher délicatement le bord au couteau, renverser sur un plat, garnir avec du
persil
carottes
céleri en branches

Gelée aux légumes

(Illustr. p. 122-123)

laver à l'eau froide courante
250 g d'os de bœuf réduits laver
500 g de viande de bœuf mettre les 2 ingrédients dans
1,5 l d'eau salée froide porter à ébullition, écumer
laver, hacher fin, ajouter
2 bouquets de persil laisser cuire la viande durant 2 1/2 heures, sortir du bouillon, passer le bouillon au tamis, assaisonner avec du sel

épices alimentaires	laisser refroidir, dégraisser, clarifier mesurer 1 l de bouillon laver	250 ml de vin blanc sec	nettoyer, gratter, laver, couper fin
		1 carotte	peler
1-2 bouquets de chou-fleur nettoyés		1 oignon	le piquer de
		2 clous de girofle	peler
4-5 poireaux nettoyés		1 gousse d'ail	mettre les ingrédients dans le liquide avec
3-4 bouquets de brocoli nettoyés		4 grains de coriandre	
1 c. à s. de petits pois frais	laisser égoutter, mettre dans le bouillon, porter lentement à ébullition, faire cuire rapidement mélanger	4 grains de piment	
		1 feuille de laurier	
		3 branches de persil	
		quelques aiguilles de romarin	
		2 petites feuilles de sauge	
2 paquets (18 g) de gélatine en poudre	avec	1 branche de thym	ajouter le jambon, porter à ébullition, retourner de temps en temps, faire cuire en 1 3/4 heure environ, laisser refroidir dans le bouillon; sortir, couper en dés passer le bouillon à travers un torchon, laisser refroidir, dégraisser, en mesurer 750 ml mélanger
6-8 c. à s. d'eau froide	faire gonfler 10 minutes, mélanger au bouillon encore chaud, tourner jusqu'à ce qu'elle soit fondue, verser le liquide et les légumes dans un moule rincé à l'eau froide, laisser refroidir ajouter		
		2 paquets de gélatine (18 g) en poudre	avec 6 c. à s. de bouillon, faire gonfler 10 minutes, porter le bouillon à ébullition, ôter du feu, ajouter la gélatine, tourner jusqu'à ce qu'elle soit fondue mélanger
1-2 pointes de basilic frais feuilles de fenouil	faire prendre au réfrigérateur lorsque la gelée est prise, la détacher délicatement du bord du moule avec un couteau, plonger éventuellement à l'eau chaude, renverser sur un plat, servir avec la viande froide.	2 c. à s. d'eau-de-vie	
		5 c. à s. de porto sel	assaisonner avec du
		poivre	rincer à l'eau froide une terrine (env. 1 l de contenu) mélanger

Jambon en gelée aux herbes
(6-8 personnes)

		6-7 c. à s. de persil haché	avec
	laver	2 c. à s. de cerfeuil haché	ranger par couche dans la terrine en alternance avec le jambon, verser le bouillon par-dessus, faire prendre au réfrigérateur
1,5 kg de jambon de salaison (commandé chez le charcutier)		accompagnement:	pommes de terre sautées, sauce rémoulade ou pain de campagne et beurre.
750 ml d'eau	porter à ébullition avec		

DESSERTS

De fins desserts et de la glace pour séduire
(Recette p. 144)

Salade piquante de fruits rouges

laver

**750 g de fruits rouges
(par ex. fraises,
framboises,
mûres,
groseilles,
raisin muscat,
myrtilles)** (trier seulement les framboises) bien
égoutter, équeuter, couper
éventuellement en deux les raisins
muscat, épépiner, mélanger les fruits,
dresser dans une coupe, saupoudrer de

un peu de sucre glace

pour la sauce
assaisonner

150 g de crème aigre avec
**1-2 c. à s. de
moutarde
jus de citron
1-2 c. à s. de sucre
sel
poivre** répartir sur les fruits.

Salade de melon

couper en quatre, épépiner, peler,
1 melon peler, couper en quatre, épépiner
2 pommes couper ces 2 ingrédients en fines
lanières
peler, couper en rondelles
2 bananes y mélanger
**2-3 c. à s. de jus de
citron**
2 c. à s. de miel mettre dans une coupe
saupoudrer de

noisettes hachées

Coupe viennoise aux fruits rouges
(4-6 personnes)

laver

**750 g de fruits rouges
(par ex. fraises,
groseilles,
framboises,
myrtilles,
mûres)** (trier seulement les framboises), bien
égoutter, équeuter, mélanger
délicatement les fruits avec

**150 g de sucre glace
tamisé
2 c. à s. de jus de
citron**

Coupe viennoise aux fruits rouges

**1 c. à s. de Grand
Marnier
1 pincée de cannelle
en poudre** laisser macérer 30 min. à couvert
mélanger
1 l de lait caillé servir dans des coupes, avec de la
glace vanille

Macédoine de fruits

peler, couper en quatre, épépiner
2 pommes peler
2 oranges
1 kiwi
1 banane couper les fruits en petits morceaux
laver, laisser égoutter, équeuter
100 g de fraises laver, couper en deux, épépiner
200 g de raisins mélanger les fruits avec

2 bonnes c. à s. de sucre	servir dans des coupes
	pour la sauce mélanger
150 g de crème épaisse	avec
2 c. à s. de liqueur d'orange	verser sur les fruits couper en rondelles
20 g de noisettes	saupoudrer sur les coupes.

Petite charlotte au sherry

	mélanger dans une petite casserole
2 bonnes c. à t. de gélatine en poudre	avec
3 c. à s. d'eau froide	faire gonfler 10 minutes, faire chauffer en tournant jusqu'à ce qu'elle soit fondue placer sur une assiette
16 boudoirs	asperger de
4 c. à s. de cream sherry	laisser macérer à couvert mettre dans un plat
3 jaunes d'œufs **125 g de sucre** **1 paquet de sucre**	

Petite charlotte au sherry

vanillé **1 c. à s. de jus d'orange**	battre en mousse au-dessus de la vapeur d'eau, ôter la casserole du bain-marie, battre la préparation pour la refroidir battre fermement
375 ml de crème fraîche	(en réserver un peu pour décorer), mélanger à la préparation aux jaunes d'œufs avec
4 c. à s. de cream sherry	et la solution de gélatine tiède mettre au frais dans 4 coupes à dessert, disposer chaque fois 4 boudoirs, verser la crème entre eux, décorer avec la Chantilly réservée décorer chaque coupe de
cerise au marasquin	

Crème à l'orange et aux noix

	mélanger dans une petite casserole
1 paquet (9 g) de gélatine en poudre	avec
4 c. à s. d'eau froide	faire gonfler 10 minutes, faire chauffer en tournant jusqu'à ce qu'elle fonde battre en mousse
2 jaunes d'œufs	avec
2 c. à s. d'eau chaude	ajouter peu à peu
75 g de sucre	battre jusqu'à obtenir une préparation crémeuse, y battre
250 ml de jus d'orange **125 ml de lait** **2 c. à s. de liqueur d'orange**	et la solution de gélatine tiède, mettre au frais battre en neige
2 blancs d'œufs **250 ml de crème fraîche**	battre en Chantilly dès que le dessert commence à épaissir, ajouter les blancs en neige et la Chantilly (en réserver un peu pour décorer) hacher très fin
75 g de noix	(réserver quelques cerneaux pour décorer), mélanger à la crème, ajouter à son goût de la
liqueur d'orange	verser la crème dans des coupes, mettre au frais, décorer avec la Chantilly réservée et les cerneaux de noix.

Bavarois aux myrtilles
(env. 6 personnes)

	mélanger dans une petite casserole
2 paquets (18 g) de gélatine en poudre	avec
8 c. à s. d'eau froide	faire gonfler 10 minutes

Bavarois aux myrtilles

	trier, laver, bien égoutter
750 g de myrtilles	mixer une bonne moitié des myrtilles avec la moitié de
200 g de sucre glace	et
un peu de jus de citron	à faible chaleur, mélanger la gélatine gonflée jusqu'à ce qu'elle fonde battre en mousse
6 jaunes d'œufs	avec
2 c. à s. d'eau tiède	ajouter peu à peu le reste du sucre glace, mélanger à la pulpe de myrtilles battre en Chantilly
500 ml de crème fraîche	dès que la pulpe de myrtilles commence à épaissir, incorporer la crème Chantilly verser la préparation dans un moule rincé à l'eau froide, mettre au froid, renverser le dessert complètement pris sur un plat, décorer à son gré avec de la
Chantilly	et les myrtilles réservées.

Crème au vin rouge

	battre fermement
125 ml de crème fraîche	
	mélanger
1 sachet de crème au vin rouge	avec
5 c. à s. d'eau	mélanger au mixer pour obtenir une mousse ajouter la crème fraîche, répartir dans des coupes et mettre au frais après 30 minutes sortir du réfrigérateur et garnir de
framboises	

Crème de la Forêt-Noire aux cerises

	mélanger
2 c. à t. faiblement bombées de gélatine en poudre	avec
4 c. à s. d'eau froide	faire gonfler 10 minutes porter à ébullition
750 ml de lait	mélanger
1 paquet de préparation pour crème, parfum vanille	avec
75 g de sucre	mélanger avec
6 c. à s. de lait froid	mélanger en remuant au lait ôté du feu, porter rapidement à ébullition

Crème de la Forêt-Noire aux cerises

ajouter la gélatine gonflée, mélanger
jusqu'à ce qu'elle soit fondue
dans l'entremets refroidi mais pas
encore ferme, ajouter

env. 2 c. à s. de kirsch mélanger

250 ml de crème fraîche avec

1 paquet de sucre vanillé battre fermement, ajouter à l'entremets
(en réserver un peu pour décorer)
bien égoutter

375 g de cerises dénoyautées (en bocal) en réserver quelques-unes pour décorer,
ranger par couches dans des coupes à
dessert avec la crème, la couche
supérieure étant en crème
décorer la crème aux cerises avec la
Chantilly réservée, garnir avec le reste
des cerises et du

chocolat râpé

Mystère à ma façon

Mystère à ma façon

pour le pralin
faire chauffer en tournant

1 1/2 c. à s. de beurre avec

60 g de sucre jusqu'à ce que le sucre soit légèrement
brun
mélanger

100 g d'amandes mondées hachées faire chauffer en remuant constamment,
jusqu'à ce que le pralin soit
suffisamment brun, verser la
préparation sur une plaque huilée,
laisser refroidir, casser éventuellement
en petits morceaux
mélanger

2 paquets de préparation pour crème, parfum vanille
80 g de sucre avec
125 bons ml de lait froid selon le mode d'emploi préparer une
crème avec

1 l de lait froid verser dans un moule rincé à l'eau
froide, mettre au froid
renverser l'entremets ferme sur une
assiette, saupoudrer de pralin
laisser égoutter

env. 240 g d'abricots (en boîte) recueillir le jus, en mesurer 250 ml,
mettre les abricots au milieu du
mystère, décorer avec de la

Chantilly

pour la sauce à l'abricot
laver, sécher, peler finement

1/2 orange (non traitée) couper le zeste en fines lamelles, faire
bouillir rapidement avec le jus
d'abricot recueilli
mélanger

1-2 c. à s. de liqueur d'orange laisser refroidir la sauce, servir autour
du mystère.

Crème au chocolat

casser en petits morceaux

150 g de chocolat fondant faire fondre dans une petite casserole au
bain-marie
mettre dans une jatte

3 jaunes d'œufs avec
1 œuf
50 g de sucre
2 c. à s. de liqueur de café
1 c. à t. de café soluble battre au bain-marie au batteur
électrique durant 5-7 minutes, ôter la
casserole du bain-marie, battre la
préparation 5 minutes pour la refroidir
battre en neige

Crème au chocolat

3 blancs d'œufs	mélanger à la préparation aux jaunes avec le chocolat liquide et
150 g de crème épaisse	verser le dessert dans des coupes, servir bien frais

Kiwis flambés Astoria

	peler, couper en rondelles pas trop fines
6-8 kiwis	faire fondre
30-40 g de beurre	faire griller
2 c. à s. d'amandes mondées hachées	saupoudrer de
2 bonnes c. à s. de sucre	laisser légèrement caraméliser allonger avec
2 c. à s. de jus d'orange	épicer avec de la
cannelle en poudre	ajouter les rondelles de kiwis chauffer jusqu'à ce que le jus d'orange soit presque complètement cuit faire chauffer dans une petite casserole
4 c. à s. de Calvados ou d'eau-de-vie	verser sur les kiwis, flamber couper en dés
1 paquet de glace vanille et noisettes	mettre dans 4 coupes à dessert, répartir par-dessus les kiwis

accompagnement:	chauds et la sauce cigarettes russes.

Crème à l'orange

2 grosses oranges	couper en deux, presser le jus de en mesurer 10 c. à s., mettre les écorces (nettoyées intérieurement éventuellement) au congélateur dans une petite casserole, mélanger
1 paquet (9 g) de gélatine en poudre	avec
6 c. à s. d'eau froide	faire gonfler 10 minutes, faire chauffer en remuant jusqu'à ce qu'elle soit fondue battre en mousse
3 jaunes d'œufs	avec
4 c. à s. d'eau chaude	ajouter peu à peu les 2/3 de
100 g de sucre	battre jusqu'à obtenir une préparation crémeuse, ajouter le jus d'orange mesuré
1 c. à s. de jus de citron	et la solution de gélatine tiède, mettre au froid battre en neige
3 blancs d'œufs	ajouter en battant le reste de sucre battre en Chantilly
125 ml de crème fraîche	ajouter les deux ingrédients à la crème épaisse aux jaunes, mettre dans une douille à bout rond, remplir les écorces d'oranges garnir avec des
morceaux d'amandes (plongés dans du chocolat liquide)	servir à part le reste de crème.

Crème à l'orange

Crêpes à la noix de coco et au rhum

Crêpes à la noix de coco et au rhum
(6 personnes)

	mélanger
75 g de farine	avec
1 bonne c. à s. de sucre	mélanger peu à peu avec
2 œufs	
125 ml de lait	faire fondre et ajouter
1 c. à s. de beurre	badigeonner une petite poêle avec du
beurre	y verser une petite quantité de pâte, faire dorer des deux côtés (avec le reste de pâte, préparer de fines crêpes de la même façon)
	tenir les crêpes au chaud
	saupoudrer les crêpes de
noix de coco râpée	enrouler dans chaque crêpe 1 des
6 rouleaux de glace à la vanille	flamber avec
125 ml de rhum	servir immédiatement.

Coupe à la banane

	peler, couper en rondelles
2-3 bananes	disposer sur 4 assiettes à dessert
	asperger de

jus de citron	couper en 8 tranches
1 paquet de glace au chocolat et malaga	dresser 2 tranches sur chaque assiette, décorer avec de la
Chantilly	
chocolat râpé	
cerises	
citronnelle	

Coupe à la banane

Dessert au fromage blanc et aux fraises

Gelée de framboises

Dessert au fromage blanc et aux fraises

	laver, bien égoutter, équeuter
250 g de fraises	mixer, mélanger avec
500 g de fromage blanc	
200 ml de lait	
50 g de sucre	servir dans des coupes à dessert
variante:	remplacer les fraises par 2 c. à s. de sirop de fraises.

Aphrodite
(2 personnes)

	laver, sécher, couper en deux
1 mangue	dénoyauter, détacher la chair de l'écorce, asperger de
2 c. à s. de Grand Marnier	couper en petits dés
1/2 paquet de glace à la pistache	mettre dans les écorces de mangue. répartir par-dessus la chair du fruit, décorer avec de la
Chantilly	

Gelée de framboises

	laisser dégeler à température ambiante
300 g de framboises surgelées	préparer une gelée de fruits rouge avec
1 paquet de poudre pudding	

pour gelée parfum framboise	
500 ml d'eau	ajouter les framboises
	verser le dessert dans des coupes, laisser refroidir
	servir froid, garni de
Chantilly	et de quelques
framboises	

Coupe forestière

	trier, laver, bien égoutter
375-500 g de mûres	mélanger avec
75 g de sucre	laisser macérer, mettre dans 4 coupes bien froides
	avec un portionneur à glace former 16 boules de

Coupe forestière

glace vanille	répartir dans les coupes, décorer avec de la
crème Chantilly	garnir avec des
mûres	
variante:	remplacer les mûres fraîches par des mûres en conserve.

Fraises Melba à ma façon

	laver, bien égoutter, équeuter
375-500 g de fraises	éventuellement couper en deux, saupoudrer de
2-3 bonnes c. à s. de sucre	asperger de
3-4 c. à s. de Grand Marnier	laisser macérer, répartir dans 4 coupes froides
	avec un portionneur à glace, faire 12 boules avec
1 paquet de sorbet aux fraises	répartir dans les coupes, décorer avec de la
Chantilly	garnir avec des
demi-fraises	
pistaches	
cigarettes russes	

Fraises Melba à ma façon

Salade de fruits

Salade de fruits

	couper en morceaux
750 g de fruits préparés (par ex. mangues, fraises, bananes, raisins, groseilles, oranges)	saupoudrer avec
un peu de sucre	asperger avec
un peu de jus de citron	servir dans des coupes à dessert.

Lampe merveilleuse d'Aladin
(6 personnes)

	mettre au congélateur dans 6 petites coupes
6 rouleaux de glace à la fraise	pour qu'ils durcissent
	pour la crème au vin mettre dans une jatte
1 œuf	avec
1 bonne c. à s. de sucre	

Lampe merveilleuse d'Aladin

1 c. à t. rase de Maïzena
125 ml de vin blanc battre au bain-marie au batteur électrique jusqu'à ce que monte une grosse bulle d'air (ne pas faire bouillir) sortir les rouleaux de glace du congélateur, arroser de crème au vin, garnir avec des

demi-fraises

Coupe de mon verger
(1 personne)

avec un portionneur à glace faire une boule de chaque parfum avec

1 paquet de sorbet au citron
1 paquet de glace à la cerise
1 paquet de sorbet au cassis
1 paquet de glace à la vanille mettre dans une coupe froide, décorer avec de la

Chantilly
chocolat râpé
cigarettes russes
fruits

(par ex. ananas, kiwis, cerises, mandarines)

Coupe ''rêve d'été''

renverser dans un plat ovale

1 paquet de sorbet au cassis battre 1/2 minute
250 ml de crème fraîche mélanger avec
1 paquet de sucre vanillé
1 paquet d'épaississant pour crème finir de battre en Chantilly à l'aide d'une douille, décorer la glace en couronne avec la crème garnir avec des
cassis servir la Chantilly à part.

Coupe de mon verger

Coupe Mona Lisa

	avec un portionneur à glace, faire 12 boules avec
1 paquet de glace amandes-caramel	mettre sur 4 assiettes à dessert bien froides
	verser autour de la glace de la
sauce chocolat pour glaces	décorer avec de la
Chantilly	garnir avec du
chocolat râpé	

Coupe Forêt-Noire

	mettre sur 4 assiettes à dessert
4 tranches de gâteau marbré	couper en 8 tranches
1 paquet de glace aux cerises	poser 3 tranches sur chaque assiette, décorer avec de la
Chantilly amandes caramélisées cerises	
accompagnement:	compote de cerises aigres, liées avec de la Maïzena, et liqueur de cerises.

L'or du Rhin

	laver, couper en deux, épépiner
375-500 g de raisins muscats	couper en dés
1/2 paquet de glace chocolat-malaga	
1/2 paquet de glace au chocolat	mettre dans des coupes bien froides avec les raisins, décorer avec de la
Chantilly	
noisettes hachées	garnir avec des
gaufrettes à glace	

Enchantement exotique
(6 personnes)

	peler, couper en rondelles
6 kiwis	couper en tranches épaisses
6 rouleaux de glace à la noisette	mettre avec les kiwis dans des coupes bien froides, battre 1/2 minute
125 ml de crème fraîche	avec
1 paquet de sucre vanillé	
1 paquet d'épais-	

Enchantement exotique

sissant pour crème   finir de battre en Chantilly, en décorer les coupes, garnir avec de la
noix de coco grillée

Glace à la banane et lamelles de gingembre

                 peler, écraser, à la fourchette

3 bananes   battre en mousse avec
2 jaunes d'œufs
2 c. à s. de miel
5-6 c. à s. de jus de citron   couper en lamelles
5 gingembres confits   mélanger
                 battre en Chantilly

250 ml de crème fraîche   incorporer à la mousse de bananes
                 dresser la préparation dans des coupes à glace, faire glacer
                 couper la glace en dés, mettre dans des coupes bien froides, servir immédiatement
accompagnement: sauce chocolat.

Sweet cherry

                 avec un portionneur à glace faire des boules avec

1 paquet de glace aux cerises   mettre dans 4 coupes bien froides, décorer avec de la
Chantilly   garnir avec des
tranches d'oranges
cerises
pistaches

Sweet cherry

Fondue à la glace

Fondue à la glace

                 découper en morceaux des

rouleaux de glace fraise, vanille, noisettes chocolat (1-2 rouleaux de chaque)   les disposer sur un plateau bien froid, mettre au congélateur jusqu'au moment de servir, puis placer le plateau sur une coupe contenant des

glaçons (du congélateur)   mettre dans plusieurs petites coupes
pralin
vermicelles en chocolat
sauces pour glaces et entremets

**amandes mondées,
hachées et
grillées**   servir avec des
cigarettes russes

Caprice

répartir dans 4 coupes bien froides

**4 c. à s. de sauce
chocolat**   avec un portionneur à glace, faire 12
boules avec

**1 paquet de glace aux
amandes
et caramel**   mettre 3 boules par coupe
décorer avec de la

Chantilly   et des
**amandes
cigarettes russes**

Caprice

**liqueur d'œufs
crème Chantilly
chocolat râpé
vermicelles
multicolores**   présenter les coupes autour du plateau.

Coupe Alberto

peler, dénoyauter, couper la chair de
1 mangue   en morceaux
avec un portionneur à glace, faire 8
boules de chaque sorte de

**amandes glace-
caramel
sorbet citron**   mettre dans 4 coupes avec les morceaux
de mangue
asperger de
2-3 c. à s. de rhum   saupoudrer d'

Salade de fruits d'automne

	trier, laver
50 g d'airelles	porter à ébullition
200 g de gelée de groseilles rouges	ajouter les airelles, faire cuire environ 2 minutes, sortir à l'écumoire, laisser refroidir
	faire cuire la gelée en sirop, laisser refroidir un peu
	ajouter
2 c. à s. de slivowitz	mettre au froid
	laver, couper en deux, dénoyauter
500 g de quetsches	laver, couper en deux, épépiner
500 g de raisins	mélanger les fruits avec
2 c. à s. de sucre glace tamisé	épicer avec de la
cannelle en poudre	mélanger
2 c. à s. de slivowitz	laisser refroidir
	pour la sauce
	battre en mousse
2 jaunes d'œufs	avec
100 g de sucre glace	ajouter
1 pot de yaourt entier	battre en Chantilly
125 ml de crème fraîche	incorporer, mélanger les airelles à la salade, garnir avec des
cerneaux de noix	servir à part la sauce et la gelée de groseilles.

Salade de fruits d'automne

Rêverie

Rêverie

	couper en 8 tranches
1 paquet de glace à la pêche	mettre une tranche par assiette
	peler, couper en rondelles
4-6 kiwis	répartir sur la glace
	asperger de
miel liquide	saupoudrer de
pralin	
noisettes hachées	recouvrir avec une tranche de glace, décorer avec de la
Chantilly	garnir avec des
cigarettes russes	

Sorbet aux fruits
(1 personne - Illustr. p. 130-131)

	avec un portionneur à glace faire une boule avec la glace de
1 paquet de sorbet au citron	et de
1 paquet de sorbet au cassis	dresser dans une coupe à glace froide, servir avec des
baies de son choix	

Petits fours glacés
(env. 6 personnes)

	casser en petits morceaux
100-150 g de chocolat fondant	dans une petite casserole au bain-marie, à faible chaleur, mélanger en une préparation souple avec
50 g de beurre de	

Petits fours glacés

coco	découper en morceaux inégaux
6 rouleaux de glace au chocolat	plonger dans le glaçage au chocolat (de préférence avec une pique en bois), placer dans des moules ou des coupelles, mettre au congélateur jusqu'au moment de servir juste avant de servir, décorer les petits fours glacés avec de la
Chantilly	
mûres	
cerneaux de noix	
pistaches	
grains de café	
cacao en poudre	
cerises au marasquin	
noisettes	
grappes de groseilles	

Coupe Alexandre

	avec un portionneur à glace faire des boules avec
1 paquet de glace aux noix	dresser dans une coupe bien froide dresser en couronne tout autour
4-6 c. à s. de liqueur d'œufs	décorer la glace avec de la

Chantilly	garnir avec des
cerneaux de noix	
pistaches hachées	

Coupe Château Royal

	mélanger
6-8 c. à s. de sauce au chocolat pour glaces	avec
1-2 c. à s. d'eau-de-vie	
2 c. à s. de crème fraîche	
1-2 c. à s. de gingembre haché	mettre dans 4 coupes bien froides avec un portionneur à glace faire des boules avec
1 paquet de glace noix-liqueur d'œufs	mettre dans les coupes, décorer de Chantilly garnir avec des
pistaches hachées	
rondelles de bananes	
quartiers de mandarines	
cerises	
petits fours	

PREPARATIONS AU FROMAGE

Tantôt cuites, tantôt à grignoter
(Recette p. 153)

Fromage de brebis à l'huile

	paprika doux	assaisonner encore une fois la préparation restante avec du sel, du poivre
		tartiner avec les crèmes
	12 tranches de pain complet	et reconstituer pour obtenir 1 tranche verte, 1 tranche rouge, 1 tranche blanche
		mettre les tranches de pain, au frais (de préférence une nuit), couper en triangles.

Fromage de brebis à l'huile

		couper en gros dés
	300 g de fromage de brebis	peler, couper en anneaux
	2 oignons rouges	
	2 oignons jaunes	peler
	1 gousse d'ail	mettre dans un récipient avec
	100 g d'olives noires	
	2 feuilles de laurier	
	3 piments	
	1 c. à t. d'origan effeuillé	
	sel	
	poivre	répartir par-dessus
	250 ml d'huile d'olive	mettre au frais à couvert 7 jours.

Boulettes de civette

		mélanger
	200 g de fromage frais	
	double crème	avec
	250 g de demi-sel	assaisonner avec du
	sel	
	poivre	former 12 boulettes de préparation (de préférence avec un portionneur à glace) les rouler dans
	2 bouquets de civette finement hachée	disposer sur un plat en verre, mettre au froid jusqu'au moment de servir.

Triangles multicolores au fromage

		battre en crème
	100 g de beurre	mélanger avec
	300 g de fromage frais	
	double crème	
	3 c. à s. de crème fraîche	assaisonner avec du
	sel	
	poivre	mélanger au tiers de la préparation
	2-3 c. à s. d'herbes hachées	mélanger à la moitié restante
	1-2 c. à s. de concentré de tomates (en tube)	assaisonner avec du

Boules au roquefort

		battre en crème
	50 g de beurre	écraser à la fourchette
	100 g de roquefort	mélanger au beurre
		ajouter
	1 c. à t. de câpres égouttées	
	1 c. à t. d'eau-de-vie	assaisonner avec du
	poivre	mettre au frais
		avec les mains mouillées, former des petites boules de préparation, les rouler

Couronne de fromage

	tout d'abord dans du
pain complet finement émietté	puis dans du
persil haché	mettre au frais jusqu'au moment de servir.

Couronne de fromage

	couper horizontalement
1 fromage de type Brie (750 g)	badigeonner la moitié inférieure avec
2-3 c. à s. d'airelles (en bocal)	mélanger
200 g de fromage double crème	battre fermement
125 ml de crème fraîche	incorporer, assaisonner avec du
sel	
poivre	mettre les 2/3 de la crème dans une douille à bout denté, badigeonner le reste de la crème sur la compote d'airelles, recouvrir de
50 g de cerneaux de noix	(ils doivent apparaître sur les bords), recouvrir avec l'autre moitié du fromage, bien presser, décorer la couronne avec la crème de la douille, garnir avec des
airelles	

Fromage au basilic
(environ 6 personnes)

	passer au tamis
200 g de fromage de brebis	mélanger en une préparation crémeuse

	avec
150 g de beurre	
25 g de parmesan râpé	
125 ml de crème fraîche	laver, éponger, effeuiller, hacher grossièrement
2 bouquets de basilic	ajouter à la préparation au fromage avec
25 g de pignes hachées	presser dans un moule rincé à l'eau froide, lisser, mettre 3-4 heures au réfrigérateur renverser sur une assiette après avoir plongé le moule à l'eau chaude faire dorer dans une poêle
50 g de pignons	laisser refroidir, en parsemer le fromage au basilic

Fromage au basilic

Brochettes de fromage et de fruits

200 g de gouda	couper en dés de 1 cm
4 tranches d'ananas	laisser égoutter, couper en morceaux
	enfiler sur 4 brochettes le gouda et l'ananas alternativement avec
2-3 c. à s. de quartiers de mandarines ou cerises aigres (en boîte)	
blanc d'œuf	badigeonner avec un peu de
	chemiser une grille avec de l'alu, poser les brochettes par-dessus, passer sous le gril préchauffé, griller d'un côté puis de l'autre
temps de gril	
four électrique:	2 1/2 minutes de chaque côté
four à gaz:	2 minutes de chaque côté.

Fromage blanc à la tomate

	mélanger
250 g de fromage blanc	avec
4 c. à s. de lait	

Fromage blanc à la tomate, aux herbes, au cumin

2 c. à s. faiblement bombées de concentré de tomates (en tube)	assaisonner avec du
sel	peler, couper en petits dés, ajouter
1 petit oignon	
variante:	ajouter 2 c. à s. d'herbes hachées (persil, civette, pimprenelle, estragon, cresson, citronnelle).

Fromage blanc aux herbes

	mélanger
250 g de fromage blanc	avec
2 c. à s. de lait	
3 c. à s. faiblement bombées de crème épaisse	assaisonner avec du
sel	ajouter
2 c. à s. de civette finement hachée ou 2 c. à s. d'herbes panachées hachées	

Fromage blanc au cumin

	mélanger
250 g de fromage blanc	avec
4 c. à s. de crème fraîche	ajouter
1 c. à t. de cumin	assaisonner avec du
sel	battre en crème
variante:	remplacer à son gré le cumin par de l'oignon râpé, de la betterave rouge râpée, du crabe en miettes, du poisson fumé finement émietté, ou des restes de jambon fumé.

Crème de fromage sur des crackers

	mélanger
100 g de fromage blanc entier	avec
100 g de fromage double crème	
1/2 c. à t. de sel	
sel de céleri	
1 c. à t. de jus de citron	
3 gouttes de tabasco	écaler, couper en deux
1 œuf cuit dur	passer le jaune au tamis, mélanger à la préparation fromage blanc-fromage

Crème de fromage sur des crackers

quatrième fond (diamètre 22 cm) poser chaque fois 2 fonds sur une plaque aspergée d'eau froide, piquer plusieurs fois à la fourchette laisser reposer env. 15 minutes, mettre ensuite au four préchauffé

four électrique:	200-225
four à gaz:	4-5
temps de cuisson:	environ 10 minutes

dès la fin de la cuisson, détacher délicatement au couteau de la plaque, laisser refroidir

pour la farce
mélanger

400 g de fromage frais double crème avec
2 jaunes d'œufs épicer avec du
sel
1 c. à t. rase de poivre du Mexique battre fermement
125 ml de crème fraîche incorporer
mettre 1/4 de la crème au fromage dans une douille à bout en zig-zag, ajouter au 1/3 de la crème restante

2 œufs cuits durs hachés fin mélanger à la moitié de la crème restante

2 c. à s. d'herbes hachées ajouter au reste de la crème
75 g de jambon en petits dés
sel, poivre assaisonner les trois farces avec badigeonner le fond inférieur avec la crème au jambon, recouvrir avec le second fond, presser délicatement, badigeonner de crème aux herbes, recouvrir avec le troisième fond, recouvrir de crème aux œufs, recouvrir avec le quatrième fond, décorer la feuilletée avec la crème de la douille, garnir avec des
herbes

1 c. à s. de lait ajouter éventuellement
mettre la préparation dans une douille à bout denté, décorer

env. 15 crackers garnir avec
rondelles de carottes
persil
olives
caviar
lamelles de truffes
cornichons
pili-pili
(en bocal)
poivrons finement hachés
(rouges et verts)

Feuilletée piquante au fromage

pour la pâte
poser les unes à côté des autres les 3 plaques de

300 g de pâte feuilletée surgelée laisser dégeler sous un torchon, étaler chacune des plaques, découper des fonds (diamètre 22 cm)
étaler les restes de pâte, découper un

Salade de fromage aux tomates

peler, couper en quatre, épépiner
1 pomme couper en lanières, ainsi que
300 g d'emmenthal
(coupé en tranches de
3 mm d'épaisseur)
50-75 g d'amandes
mondées effilées

pour la mayonnaise
battre en une préparation épaisse
1 jaune d'œuf avec
1-2 c. à t. de moutarde

151

1 c. à s. de vinaigre
ou de jus de citron
sel   ajouter peu à peu en battant
125 ml d'huile   incorporer ensuite
2 c. à s. de yaourt   et
40 g d'amandes
hachées   assaisonner la mayonnaise avec du
vin blanc   mélanger aux ingrédients de la salade
   laver, sécher, ôter le chapeau de
8-10 tomates   évider les tomates (employer la chair
pour faire un potage ou une sauce)
remplir les tomates avec la salade,
replacer le chapeau
dresser le reste de salade sur un plat,
avec les tomates, et à son gré, des
feuilles de laitue
lavées

Satziki

   mélanger
100 g de fromage
blanc   avec
150 g de crème
épaisse   peler, écraser
1-4 gousses d'ail   peler, couper en petits dés
1 morceau de
concombre (200 g)   incorporer le tout au fromage blanc

   assaisonner avec du
sel, poivre   mettre au frais
   disposer sur des
feuilles de laitue
lavées   garnir avec des
olives noires   asperger d'
huile ou huile d'olive

Tranches de poivron au fromage

   laver, éponger, couper le chapeau, ôter
les pépins et les peaux blanches de
2-4 poivrons verts et
jaunes
(selon la taille)   gratter à la cuillère pour ne pas
endommager les poivrons

   pour la farce
   écaler, passer au tamis
3 œufs cuits durs   mélanger en crème
100 g de beurre   ajouter
200 g de fromage
frais
double crème   et les œufs
   incorporer
150 g de crème
épaisse   assaisonner du
sel

Tranches de poivron au fromage

poivre	
paprika doux	
moutarde	mettre la farce dans les poivrons, mettre au frais (de préférence une nuit), juste avant de servir, couper les poivrons en tranches de 1 cm d'épaisseur
accompagnement:	pain complet.

Camembert cuit Mandello
Illustr. p. 146-147)

	rouler
2 moitiés de camembert (pas trop fait, bien froid)	tout d'abord dans
1 œuf battu	puis dans des
amandes mondées hachées	bien presser, rouler encore une fois dans l'œuf et les amandes faire dorer dans un bain de
friture	bouillante, éponger sur du papier absorbant laver, très bien égoutter, plonger rapidement dans la friture un
bouquet de persil	trier, laver
250 g d'airelles	faire cuire doucement avec
125 ml d'eau	
50 g de sucre	laisser refroidir, assaisonner à son goût de
sucre	dresser les moitiés de camembert sur un plat avec le persil et les airelles
accompagnement:	toasts.

Camembert au four

	couper en quatre ou en huit
1 camembert (pas trop fait, bien froid)	le rouler dans
1 œuf battu	presser fortement dans de la
chapelure	rouler encore une fois dans le reste d'œuf presser dans le reste de chapelure à l'aide de brochettes, plonger les morceaux dans un

bain de friture	bouillant, faire dorer (le fromage ne doit pas couler)
accompagnement:	pommes de terre en papillotes, pommes, airelles.

Pommes de terre et fromage au plat

	peler, laver
1 kg de pommes de terre moyennes	porter à ébullition dans de l'
eau salée	faire cuire environ 10 minutes, vider l'eau, couper encore chaudes en rondelles ranger les pommes de terre en écailles sur un plat saupoudrer de
sel, poivre	
20 g de chapelure	poser par-dessus des flocons de
50 g de beurre	répartir par-dessus
75 g d'emmenthal râpé	mettre le moule sur la grille au four
four électrique:	200-225 (préchauffé)
four à gaz:	4-5
temps de cuisson:	environ 20 minutes.

Pêches à la crème de fromage
(6 personnes)

	égoutter
6 oreillons de pêches au sirop	mélanger
100 g de fromage frais	
double crème	battre fermement
125 ml de crème fraîche	incorporer, assaisonner avec du
sel, poivre	
sucre	et éventuellement du
sirop de pêches	mettre la crème dans une douille à bout denté, en décorer les pêches répartir sur la crème au fromage chaque fois 1 c. à t. des
6 c. à t. de sauce à la framboise	

SPECIALITES A BASE
DE PAIN

Tantôt divinement croustillantes, tantôt pimentées
(Recette p. 165)

Rouleau de choucroute

Rouleau de choucroute

	pour la farce
	faire fondre
1 c. à s. de margarine	aérer, y faire revenir
500 g de choucroute	peler
1 oignon	piquer avec
1 feuille de laurier	
5 clous de girofle	ajouter, faire étuver la choucroute env. 15 minutes, sortir l'oignon mettre la choucroute au frais

	pour la pâte
	préparer selon le mode d'emploi
1 paquet de préparation pour pain	avec
1-2 c. à s. de cumin	
250 ml d'eau tiède	vers la fin du temps de pétrissage, incorporer
1 c. à s. de margarine légèrement chauffée farine	laisser lever la pâte, saupoudrer de sortir du plat, pétrir *rapidement* étaler la pâte en un rectangle (env. 35 × 25 cm) sur une plaque saupoudrée de farine

mettre la moitié de la choucroute au centre dans le sens de la longueur, poser par-dessus dans le sens de la longueur (2

par 2 les unes à côté des autres)

| **4 saucisses de Francfort** | répartir par-dessus le reste de choucroute |

rabattre tout d'abord par-dessus une aile de pâte, badigeonner d'eau, puis rabattre l'autre moitié de pâte par-dessus, bien presser
bien presser les extrémités du rouleau
poser le rouleau sur une plaque beurrée
laisser gonfler encore une fois en un endroit chaud,
badigeonner le rouleau d'eau,
mettre au four préchauffé

four électrique:	200-225
four à gaz:	3-4
temps de cuisson:	environ 50 minutes.

Pain blanc moulé

	tamiser dans une jatte
500 g de farine (type 405)	mélanger soigneusement avec
1 paquet de levure sèche	ajouter
1 c. à t. rase de sucre	
1 c. à t. faiblement bombée de sel	
2 œufs	
1 jaune d'œuf	
env. 100 ml de lait tiède	
150 g de crème épaisse	pétrir les ingrédients au batteur électrique tout d'abord à vitesse minimale puis maximale durant 5 minutes, mettre la pâte lisse en un endroit chaud, laisser reposer jusqu'à ce

Pain blanc moulé

qu'elle double de volume, mettre la pâte dans un moule à cake (30 × 11 cm) beurré saupoudré de

chapelure laisser encore une fois reposer dans un endroit chaud

faire une incision de 1 cm de profondeur sur le dessus dans le sens de la longueur (ne pas presser), badigeonner d'eau, mettre au four

four électrique:	175-200 (préchauffé)
four à gaz:	3-4
temps de cuisson:	40-50 minutes.

Pain de seigle au salami

250 g de farine complète de seigle (type 1800)	mettre dans une jatte
250 g de farine de froment (type 550)	mélanger soigneusement avec
1 paquet de levure sèche	ajouter
1 c. à t. de sucre	
1 c. à t. de sel	
un peu de glutamate	
250 ml d'eau tiède	pétrir les ingrédients au batteur électrique tout d'abord à vitesse minimale puis maximale durant 5 minutes en une pâte lisse, vers la fin du pétrissage, incorporer
150 g de salami coupé fin	laisser reposer la pâte dans un endroit chaud jusqu'à ce qu'elle ait manifestement gonflé, *bien* pétrir former deux rouleaux de pain, poser sur une plaque beurrée, laisser encore une

fois reposer en un endroit chaud badigeonner le dessus de la pâte avec de l'eau, saupoudrer de farine, mettre au four préchauffé

four électrique:	environ 200
four à gaz:	3-4
temps de cuisson:	environ 40 minutes.

Petits pains au sésame

375 g de farine (type 405)	mettre dans une jatte
	mélanger soigneusement avec
1 paquet de levure sèche	ajouter
1 c. à t. rase de sucre	
1 c. à t. faiblement bombée de sel	
50 g de magarine fondue tiède	
200 ml d'eau tiède	pétrir tous les ingrédients au batteur électrique tout d'abord à vitesse minimale puis maximale durant 5 minutes, mettre la pâte lisse dans un endroit chaud jusqu'à ce qu'elle double de volume
	former 24 ovales de pâte, poser sur une plaque beurrée, laisser encore une fois reposer en un endroit chaud badigeonner les pains d'eau, saupoudrer de
sésame	mettre au four préchauffé
four électrique:	175-200
four à gaz:	3-4
temps de cuisson:	environ 30 minutes.

Pain de seigle au salami

Pain fourré Doris

	couper en deux
1 pain	le vider de sa mie
	pour la farce
	battre en crème
250 g de beurre	couper en dés
125 g de jambon cuit	
125 g de Corned-beef	écaler, hacher
2 œufs cuits durs	incorporer au beurre avec
1 c. à t. bombée de poivre vert	
1-2 c. à t. de câpres	
quelques olives fourrées au poivron	écraser la mie de pain, ajouter à la préparation, assaisonner fortement avec du
sel	
poivre	
sauce Worcester	mettre la farce dans le pain, mettre au frais dans du papier d'alu, couper en tranches, garnir avec des
olives	
grains de poivre	
mâche	

Pain fourré Doris

Côtelette fumée en croûte de pain

Côtelette fumée en croûte de pain

	préparer selon le mode d'emploi
1 paquet de préparation pour pain	avec
250 ml d'eau tiède	laisser reposer, saupoudrer de
farine	sortir de la jatte, pétrir *rapidement* étaler la pâte (en réserver un peu à son gré pour décorer) en un rectangle double de la viande sur un plan de travail fariné, poser par-dessus
1 kg de côtelette fumée (en morceaux, désossée)	badigeonner les bords de la pâte avec de l'eau, rabattre sur la viande, poser la pâte (côté lisse en haut) sur une plaque beurrée, garnir avec la pâte réservée répartir quelques trous à la surface de la pâte (ne pas presser), laisser encore une fois reposer en un endroit chaud badigeonner la pâte d'eau, mettre au four préchauffé
four électrique:	env. 200
four à gaz:	3-4
temps de cuisson:	40-50 minutes.

four à gaz: 3-4
temps de cuisson: environ 50 minutes
sortir le pain au fromage du moule
servir froid ou chaud à son gré.

Pain de sésame

	mettre dans une jatte
500 g de farine (type 550)	mélanger soigneusement avec
1 paquet de levure sèche	ajouter
1 bonne c. à t. de sel **un peu de glutamate**	
250 ml d'eau tiède	pétrir tous les ingrédients au batteur électrique tout d'abord à vitesse minimale puis maximale durant 5 minutes, vers la fin du temps de pétrissage, ajouter à la pâte lisse
3 c. à s. de sésame grillé	laisser reposer la pâte en un endroit chaud jusqu'à ce qu'elle double de volume, sortir de la jatte, *bien* pétrir mettre la pâte dans un moule à cake beurré, laisser encore une fois reposer dans un endroit chaud, badigeonner de
lait	saupoudrer de

Pain de sésame

Pain au fromage

Pain au fromage

	mettre dans une jatte
500 g de farine (type 550)	mélanger soigneusement avec
1 paquet de levure sèche	ajouter
1 c. à t. de sel **un peu de poivre** **un peu de glutamate** **3 c. à s. d'huile**	
250 ml d'eau tiède	pétrir tous les ingrédients au batteur électrique d'abord à vitesse minimale puis maximale durant 5 minutes mettre la pâte lisse dans un endroit chaud jusqu'à ce qu'elle double de volume, ôter de la jatte, couper en dés pas trop petits
175 g d'emmenthal	ajouter à la pâte, bien pétrir, placer la pâte dans un moule à soufflé beurré (diamètre 20 cm env.) couper en petites pointes
75 g d'emmenthal	les piquer dans la pâte, laisser reposer en un endroit chaud battre
1 jaune d'œuf	avec
1 c. à s. d'eau	en badigeonner la pâte, mettre le moule à soufflé sur la grille du four
four électrique:	environ 200 (préchauffé)

sésame	mettre au four préchauffé
four électrique:	environ 200
four à gaz:	3-4
temps de cuisson:	environ 45 minutes.

Croissants au jambon

	préparer selon le mode d'emploi
1 paquet de préparation pour pain	avec
250 ml d'eau tiède	laisser reposer
	saupoudrer la pâte de
farine	sortir de la jatte, pétrir *rapidement* étaler la pâte en un disque sur un plan de travail saupoudré de farine (diamètre 40 cm env.), découper à la roulette dentée en 12 morceaux comme une tarte, sur chaque morceau mettre un peu de environ
125 g de jambon cru haché fin	étirer encore le côté large de chaque morceau, enrouler vers la pointe, poser en croissant sur une plaque beurrée, laisser encore une fois reposer en un endroit chaud badigeonner les croissants d'eau, saupoudrer légèrement de farine, mettre au four préchauffé
four électrique:	200-225
four à gaz:	3-4
temps de cuisson:	environ 25 minutes.

Pain piquant

	pour la pâte préparer selon le mode d'emploi
1 paquet de préparation pour pain	
250 ml d'eau tiède	laisser reposer
	pour la farce faire tremper dans de l'eau froide
1 petit pain de gruau	peler, couper en dés
1 oignon	faire chauffer
1 c. à s. d'huile	y faire revenir rapidement l'oignon et
1 bouquet de persil haché	ajouter
500 g de viande hachée (moitié bœuf, moitié porc)	
1 œuf	
100 g de champignons de Paris étuvés en tranches	et le petit pain bien essoré assaisonner la préparation avec du

Pain complet au froment

sel	
poivre	
env. 1 c. à t. de moutarde	
env. 1 c. à t. de concentré de tomates (en tube)	saupoudrer la pâte levée avec de la
farine	sortir de la jatte, pétrir *rapidement* étaler la pâte (en garder un peu pour décorer à son gré) sur un plan de travail fariné en un disque (30 cm de diamètre env.) former une boule avec la préparation à la viande (diamètre 15 cm env.), poser sur la pâte couper en petits dés, poser sur la pâte
75 g de fromage (par ex. Edam)	ramener la pâte sur la viande, bien presser la pâte du dessus, poser la pâte sur une plaque beurrée, garnir avec la pâte réservée, laisser encore une fois reposer en un endroit chaud faire des incisions de 1 cm de long de haut en bas, tous les 3 cm sur l'arrondi supérieur du pain, badigeonner d'eau, saupoudrer de farine, mettre au four préchauffé
four électrique:	200-225
four à gaz:	3-4
temps de cuisson:	environ 1 heure.

Pain complet au froment
(aux herbes de Provence)

	mettre dans une jatte
175 g de farine complète de froment (type 1700)	
250 g de farine (type 550)	mélanger soigneusement avec
1 paquet de levure sèche	ajouter
1 c. à t. de sucre glace	
2 c. à t. rases de sel	
3 c. à s. d'huile	
200 ml d'eau tiède	pétrir tous les ingrédients au batteur électrique, tout d'abord à vitesse minimale, puis maximale durant 5 minutes, pétrir en une pâte lisse vers la fin du temps de pétrissage, incorporer
2 c. à s. d'herbes de Provence	laisser reposer la pâte en un endroit chaud jusqu'à ce qu'elle gonfle manifestement, sortir de la jatte, *bien* pétrir former un pain rond, poser sur une plaque beurrée, laisser encore une fois

reposer en un endroit chaud
inciser plusieurs fois le dessus sur 1 cm de profondeur (ne pas presser), badigeonner d'eau, mettre au four préchauffé, durant la cuisson, badigeonner de temps en temps la pâte avec de l'eau pour obtenir une belle croûte

four électrique:	environ 200
four à gaz:	3-4
temps de cuisson:	environ 50 minutes.

Couronne

	préparer selon le mode d'emploi
1 paquet de préparation pour pain	avec
250 ml d'eau tiède	laisser reposer saupoudrer la pâte de
farine	sortir de la jatte, pétrir *rapidement* former 10 petits pains ronds en pâte, poser en couronne sur une plaque beurrée, laisser encore une fois reposer en un endroit chaud badigeonner les petits pains avec de l'eau, saupoudrer de
sésame	
cumin	
pavot	
noix hachées	
fromage râpé	mettre au four préchauffé
four électrique:	175-200
four à gaz:	3-4
temps de cuisson:	30-35 minutes.

Pain de campagne

	mettre dans une jatte
125 g de farine de froment (type 1050)	
250 g de farine de seigle (type 1150)	
125 g de farine complète de seigle (type 1700)	mélanger soigneusement avec
1 paquet de levure sèche	
1 c. à t. de sucre	
2 c. à t. de sel	
poivre fraîchement moulu	
250 ml d'eau tiède	pétrir les ingrédients au batteur électrique tout d'abord à vitesse minimale puis maximale ajouter
125 g de pâte aigre	travailler le tout pendant 5 minutes en une pâte bien lisse, laisser reposer jusqu'à ce qu'elle ait manifestement

Petits pains aux herbes

125 g de farine complète de seigle (type 1700)	
200 g de farine de seigle (type 1800)	mélanger soigneusement avec
1 paquet de levure sèche	ajouter
1 c. à t. de sucre	
1-2 c. à t. de sel	
300 ml d'eau tiède	pétrir les ingrédients au batteur électrique tout d'abord à vitesse minimale puis maximale ajouter
200 g de pâte aigre (du boulanger)	pétrir le tout en une pâte lisse durant 5 minutes, laisser reposer dans un endroit chaud jusqu'à ce qu'elle gonfle manifestement, ôter de la jatte, bien pétrir
	former un ovale de pâte, poser sur une plaque beurrée, laisser encore reposer dans un endroit chaud, badigeonner d'eau, mettre au four préchauffé durant la cuisson, badigeonner de temps en temps la pâte avec de l'eau pour obtenir une belle croûte
four électrique:	environ 200
four à gaz:	3-4
temps de cuisson:	50-60 minutes.

Petits pains aux herbes

	mettre dans une jatte
250 g de farine (type 550)	
250 g de farine (type 1050)	mélanger soigneusement avec
1 paquet de levure	

Petits pains au fromage

gonflé, *bien* pétrir
former un rond de pain, poser sur une plaque beurrée, laisser encore une fois reposer en un endroit chaud
faire une incision en croix de 1 cm de profondeur, badigeonner d'eau, saupoudrer de farine, mettre au four préchauffé

four électrique:	environ 200
four à gaz:	3-4
temps de cuisson:	environ 50 minutes.

Pain de seigle complet

	mettre dans une jatte
250 g de farine (type 550)	avec

sèche	ajouter
1 c. à t. de sucre	
2 c. à t. de sel	
poivre fraîchement moulu	
3 c. à s. d'huile	
250 ml d'eau tiède	pétrir tous les ingrédients en une pâte lisse au batteur électrique tout d'abord à vitesse minimale puis maximale durant 5 minutes vers la fin du temps de pétrissage, incorporer
2 c. à s. de persil haché	
2 c. à s. de civette hachée	
1 c. à s. de feuilles de fenouil hachées	laisser reposer la pâte en un endroit chaud jusqu'à ce qu'elle double de volume, sortir de la jatte, bien pétrir former 12 petits pains de pâte, poser sur une plaque beurrée, laisser encore une fois reposer en un endroit chaud inciser en croix (ne pas presser) sur 1 cm de profondeur battre
1 jaune d'œuf	avec
1 c. à s. d'eau	en badigeonner les pains, mettre au four préchauffé
four électrique:	175-200
four à gaz:	3-4
temps de cuisson:	environ 25 minutes.

Petits pains au fromage

	mettre dans une jatte
250 g de farine (type 550)	
175 g de farine (type 1050)	mélanger soigneusement avec
1 paquet de levure sèche	ajouter
1 c. à t. de sucre	
1 c. à t. de sel	
un peu de poivre	
250 ml d'eau tiède	pétrir tous les ingrédients en une pâte lisse au batteur électrique tout d'abord à vitesse minimale puis maximale durant 5 minutes, vers la fin du temps de pétrissage ajouter
150 g de gouda grossièrement râpé	laisser reposer la pâte dans un endroit chaud jusqu'à ce qu'elle double de volume, sortir de la jatte, *bien* pétrir former env. 10 ovales de pâte, poser sur une plaque beurrée, laisser encore une fois reposer en un endroit chaud battre
1 jaune d'œuf	avec
1 c. à s. d'eau	en badigeonner les petits pains

	saupoudrer de
50 g de gouda grossièrement râpé	mettre au four préchauffé
four électrique:	175-200
four à gaz:	3-4
temps de cuisson:	env. 25 minutes.

Pain party
(en papillote — environ 8 personnes)

	gratter la croûte de
1 pain de 500 g	couper un chapeau, évider
	pour la farce
	couper en deux, équeuter, épépiner
1 poivron	ôter les peaux blanches, laver plonger rapidement à l'eau bouillante (ne pas faire cuire)
1-2 tomates	plonger à l'eau froide, ôter le pédoncule vider et peler couper les deux ingrédients en dés, mélanger avec
1 c. à s. de persil haché	
750 g de chair à saucisse fine	mettre dans le pain, poser le couvercle, fixer avec deux bâtonnets, poser le pain

Pain party

40 g de beurre fondu
sur une feuille d'alu assez grande
badigeonner avec
fermer la papillote, mettre sur la grille
au centre du four préchauffé

four électrique: 200
four à gaz: environ 3 1/2
temps de cuisson: environ 1 1/4 heure.

Jambon en croûte de pain

préparer selon le mode d'emploi

1 paquet de préparation pour pain
avec

250 ml d'eau tiède
laisser reposer, saupoudrer de

farine
sortir de la jatte, pétrir *rapidement*
étaler la pâte (en réserver un peu à son
gré pour garnir) sur un plan de travail
fariné en un rectangle double de la taille
du jambon
poser par-dessus

1 kg de jambon cuit (en morceaux)
badigeonner les bords de pâte avec de
l'eau, rabattre sur le jambon, poser la
pâte (côté lisse en haut) sur une plaque
beurrée, garnir avec la pâte réservée
à la surface de la pâte, répartir 2 ou 3
trous (ne pas presser), laisser reposer

encore une fois en un endroit chaud
badigeonner la pâte avec de l'eau,
mettre au four préchauffé

four électrique: environ 200
four à gaz: 3-4
temps de cuisson: 40-50 minutes.

Pain au fromage et aux herbes

pour la pâte
mettre dans une jatte

250 g de farine (type 1050)

250 g de farine (type 550)
mélanger soigneusement avec

1 paquet de levure sèche

1 c. à t. de sucre

1 c. à t. de sel poivre fraîchement moulu
ajouter

250 ml d'eau tiède
pétrir tous les ingrédients en une pâte
lisse au batteur électrique tout d'abord à
vitesse minimale puis maximale durant 5
minutes, laisser reposer en un endroit
chaud jusqu'à ce qu'elle double de
volume

Pain au fromage et aux herbes

pour la farce
peler, couper en dés

2-3 oignons faire fondre
1 c. à s. de margarine y faire revenir les oignons
mélanger

1 œuf
100 g de gouda râpé
5-6 c. à s. d'herbes
hachées sortir la pâte levée de la jatte, *bien*
pétrir, étaler en un rectangle (30 × 40 cm) sur un plan de travail fariné, badigeonner de

1 c. à s. de margarine
molle répartir régulièrement la face par-dessus, enrouler la pâte des côtés courts vers le centre
mettre la pâte dans un moule à cake (30 × 11 cm) beurré, laisser reposer une fois encore en un endroit chaud
inciser (sans presser) le dessus de la pâte en zigzag sur les deux rouleaux
battre

1 jaune d'œuf avec
1 c. à s. d'eau en badigeonner la pâte, mettre au four préchauffé
four électrique: 175-200
four à gaz: 3-4
temps de cuisson: 40-50 minutes.

Pain natté

préparer selon le mode d'emploi

2 paquets de
préparation
pour pain
500 ml d'eau tiède avec
laisser reposer
saupoudrer la pâte de
farine sortir de la jatte, pétrir *rapidement*
avec les 2/3 de la pâte, former 3 rouleaux de 40 cm, les poser en nattes sur une plaque beurrée
presser dans le sens de la longueur avec un rouleau à pâtisserie, couper le reste de la pâte en 3 rouleaux réguliers, en former des rouleaux de 35 cm de long, en tresser une seconde natte, la poser sur la plus grande, laisser encore une fois reposer en un endroit chaud, badigeonner la pâte d'eau, saupoudrer de farine, mettre au four préchauffé

Pain natté

four électrique: 200-225
four à gaz: 3-4
temps de cuisson: environ 50 minutes.

Baguette d'ogre
(Illustr. p. 154-155)

couper en deux dans le sens de la longueur
1 baguette tartiner les moitiés de
beurre garnir la moitié inférieure de
feuilles de salade
iceberg lavées
2 tranches de
jambon cuit
rondelles de tomates
rondelles de
concombre
rondelles de radis
roses
rondelles de poivron
vert
anneaux d'oignons
quartiers d'œufs durs saupoudrer d'
herbes panachées
hachées poser l'autre moitié de pain par-dessus, servir.

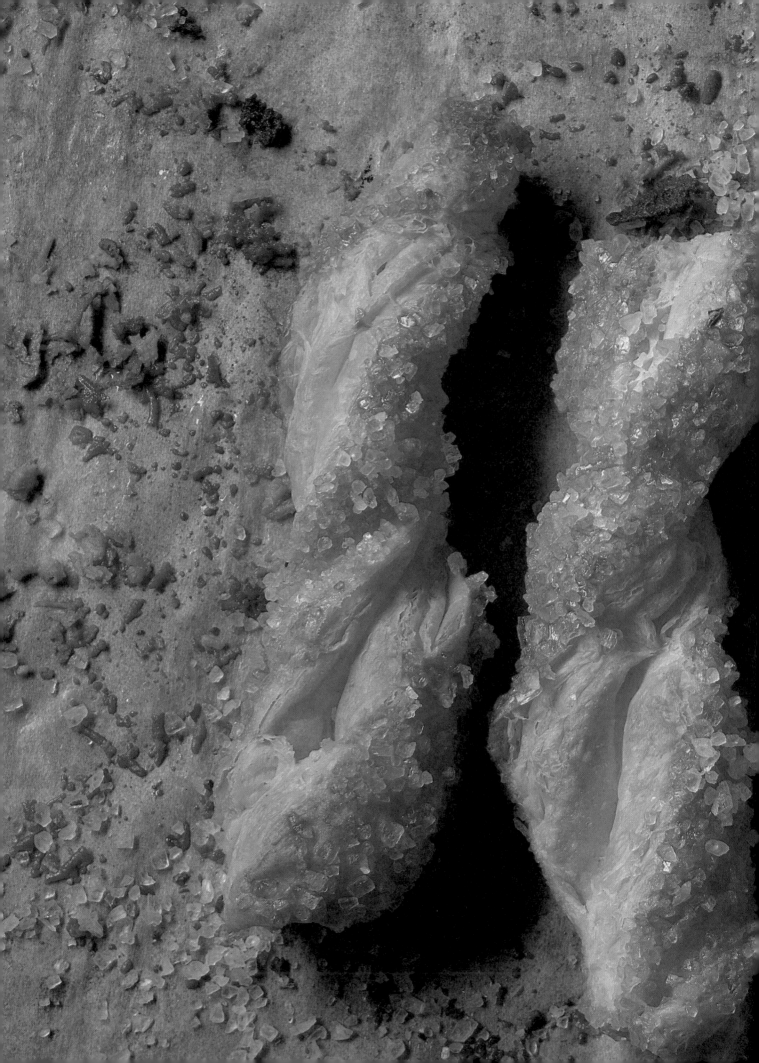

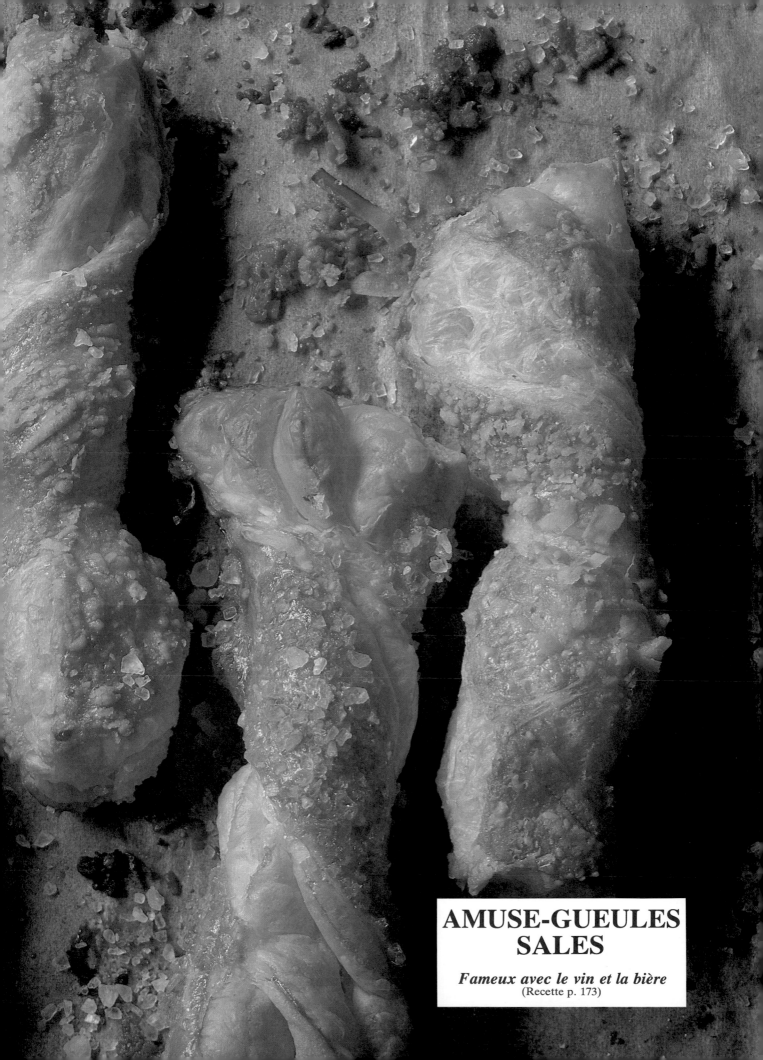

AMUSE-GUEULES
SALES

Fameux avec le vin et la bière
(Recette p. 173)

Cubes au cumin

	laisser dégeler selon le mode d'emploi
300 g de pâte feuilletée surgelée	battre
1 œuf	en badigeonner les 3 plaques (l'œuf ne doit pas couler au bord), saupoudrer une plaque avec
sel	
poivre	
paprika	
un peu de cumin	et avec 1/3 de
100 g de gouda râpé	poser par-dessus la seconde plaque, badigeonner d'œuf battu, de sel, poivre, paprika, cumin, saupoudrer la moitié du fromage restant, poser par-dessus la troisième plaque avec le côté badigeonné par-dessus étaler délicatement la pâte en un carré (32 × 32 cm) découper à la roulette en carrés (4 × 4 cm) badigeonner avec l'œuf battu, saupoudrer de cumin et de fromage poser les cubes sur une plaque rincée à l'eau froide, mettre au four préchauffé
four électrique:	200-225
four à gaz:	4-5
temps de cuisson:	environ 20 minutes.

Cubes au cumin

Escargots au fromage

Escargots au fromage

	mélanger
150 g de farine	avec
3 g de levure en poudre	tamiser sur un plan de travail, faire un puits au centre, y placer
100 g de fromage suisse ou hollandais vieux râpé	
1 blanc d'œuf	
1/2 jaune d'œuf	travailler en une pâte épaisse avec une partie de la farine couper en morceaux
100 g de beurre froid ou de margarine	mettre sur la pâte avec
50 g d'amandes en poudre	recouvrir de farine, à partir du centre, pétrir rapidement tous les ingrédients en une pâte lisse ,si elle collait, la mettre un moment au froid, diviser la pâte en 2 morceaux égaux, étaler en 2 rectangles de 28 × 24 cm battre
1/2 jaune d'œuf	avec
1 c. à t. de lait	en badigeonner les plaques de pâte, saupoudrer chacune avec la moitié de
15 g de parmesan râpé	enrouler fermement chacune par le

grand côté
mettre les rouleaux au froid jusqu'à ce
qu'on puisse les couper
couper en rondelles de 1/2 cm
d'épaisseur, poser sur une plaque
beurrée, mettre au four préchauffé

four électrique:	175-200
four à gaz:	3-4
temps de cuisson:	environ 12 minutes.

Petits croissants au parmesan

	mélanger
100 g de farine	avec
6 g de levure en poudre	tamiser sur un plan de travail, faire un puits au centre, y mettre
1 œuf	travailler avec une partie de la farine en une pâte épaisse, couper en morceaux
100 g de beurre froid	mettre sur la pâte avec
100 g de parmesan râpé	recouvrir de farine, à partir du centre pétrir tous les ingrédients en une pâte lisse, si elle collait la mettre un moment au frais, former des rouleaux de pâte gros comme le pouce, couper des tronçons de 2 cm, les allonger à 5 cm, amenuiser les extrémités, poser en croissants sur une plaque beurrée, mettre au four préchauffé
four électrique:	175-200
four à gaz:	3-4
temps de cuisson:	environ 10 minutes.

Bâtonnets salés

	mélanger
150 g de farine	avec
100 g de Maïzena	
6 g de levure en poudre	tamiser sur un plan de travail, faire un puits au centre, y placer
1 c. à t. rase de sel	
1 œuf	
3 c. à s. de lait	travailler en une pâte épaisse avec une partie de la farine couper en morceaux
100 g de beurre froid ou de margarine	mettre sur la préparation, recouvrir de farine, à partir du centre pétrir rapidement tous les ingrédients en une pâte lisse, si elle collait, la mettre un moment au frais étaler la pâte sur env. 3 mm d'épaisseur, découper à la roulette des bandes de 1 cm de large sur 10 cm de long, badigeonner de
lait concentré	saupoudrer de
sel, cumin	poser sur une plaque beurrée, pour

Fromagettes

obtenir un bel aspect des bâtonnets
enrouler les bâtonnets en spirale avant
de les badigeonner (tourner une
extrémité vers la droite, l'autre vers la
gauche), mettre la plaque au four
préchauffé

four électrique:	175-200
four à gaz:	3-4
temps de cuisson:	environ 10 minutes.

Fromagettes

	battre en crème
100 g de beurre ou de margarine	râper
100 g de gouda vieux ou de gruyère suisse	mélanger
100 g de farine	avec

1 pincée de levure en poudre	tamiser, ajouter peu à peu les ingrédients, assaisonner avec du
sel	
paprika doux	remplir une douille à bout denté, tracer des bâtonnets de 10 cm sur une plaque, mettre au four préchauffé
four électrique:	175-200
four à gaz:	3-4
temps de cuisson:	10-15 minutes.

Amandes salées

	plonger
250 g d'amandes	dans de l'
eau bouillante salée	ôter la casserole du feu, laisser macérer les amandes 2-3 minutes, égoutter, rincer à l'eau froide, peler, bien sécher battre légèrement
1/2 blanc d'œuf	y ajouter les amandes, mélanger jusqu'à ce que le blanc d'œuf colle régulièrement aux amandes, les saupoudrer légèrement de
sel	mélanger encore une fois, faire sécher au four sur une plaque, laisser griller légèrement
four électrique:	110-130 (préchauffé)
four à gaz:	1-1 1/2
temps de séchage:	15-25 minutes.

Boules aux herbes

	tamiser dans une jatte
250 g de farine	mélanger soigneusement avec
1 paquet de levure sèche	ajouter
1/2 c. à t. de sucre	
1/2 c. à t. de sel	
50 g de beurre fondu tiède	
125 ml de lait tiède	pétrir le tout au batteur électrique tout d'abord à vitesse minimale puis maximale durant 5 minutes incorporer
1 c. à t. rase d'herbes de Provence	laisser reposer la pâte dans un endroit chaud jusqu'à ce qu'elle double de volume, la pétrir encore une fois à vitesse maximale, former des rouleaux de pâte de 1 cm, couper en disques de 1,5 cm, en former des boulettes, poser sur une plaque beurrée, laisser encore une fois reposer en un endroit chaud jusqu'à ce qu'elles aient doublé de volume badigeonner les boules de
lait concentré	saupoudrer de
sel	mettre au four préchauffé
four électrique:	175-200

Boules aux herbes

four à gaz:	3-4
temps de cuisson:	env. 15 minutes.

Noisettes salées

	sortir de leur coquille
200 g de noisettes	battre légèrement
1/2 blanc d'œuf	ajouter les noisettes, mélanger jusqu'à ce que le blanc colle régulièrement aux noisettes, les saupoudrer légèrement de
sel	mélanger encore une fois rapidement, sécher les noisettes sur une plaque dans le four, les faire dorer légèrement
four électrique:	110-130 (préchauffé)
four à gaz:	1-1 1/2
temps de séchage:	environ 15 minutes.

Couronnes, bouchées à la reine et éclairs au fromage

	pour la pâte à chou
	porter à ébullition dans une casserole
125 ml d'eau	
sel	
30 g de beurre ou de margarine	ôter du feu
	mélanger
25 g de Maïzena	avec
75 g de farine	tamiser, renverser d'un coup dans l'eau, faire chauffer 1 minute en tournant mettre immédiatement la boule chaude dans un plat, ajouter peu à peu
2-3 œufs	inutile d'en ajouter trop si la pâte brille fortement et tombe de la cuillère en

Couronnes, bouchées à la reine et éclairs au fromage

faisant des filets
juste avant d'obtenir cette consistance,
mettre dans la pâte refroidie

1,5 g de levure en poudre   en prélever 1/3 pour les couronnes de fromage, la pâte doit cuire dans un bain de friture et doit donc être un peu plus ferme, puis ajouter autant d'œufs que nécessaire dans le reste de pâte

pour les couronnes au fromage
mettre la pâte un peu plus ferme dans une douille (à bout étroit denté), tracer de petites couronnes (diamètre 4 cm) sur un papier sulfurisé, les faire dorer immédiatement des deux côtés dans un

bain de friture   bouillant, les sortir avec un bâtonnet de bois, bien laisser égoutter, couper en deux

pour les bouchées à la reine
mettre la moitié de la pâte molle dans une douille (étroite, bout denté), sur une plaque saupoudrée de farine, faire des petits tas de la taille d'une noix, mettre au four préchauffé

four électrique: 200-225
four à gaz: 4-5
temps de cuisson: environ 20 minutes
dès la fin de la cuisson, couper le petit chapeau de chaque bouchée

pour les éclairs
mettre le reste de la pâte dans une douille (étroite, bout denté)
pour un éclair, sur une plaque saupoudrée de farine, faire deux bandes de 6 cm env. l'une à côté de l'autre, puis une troisième par-dessus

temps de cuisson: environ 20 minutes (thermostat: voir bouchée)
dès la fin de la cuisson, couper les éclairs en deux
pour la farce
battre en crème

125 g de beurre   écraser à la fourchette
100 g de roquefort   mélanger au beurre, battre 30 secondes
125 ml de crème fraîche   incorporer
1 c. à t. faiblement bombée d'épaississant pour crème   finir de battre en Chantilly, incorporer en soulevant à la préparation beurre-roquefort, remplir les couronnes, les bouchées à la reine et les éclairs, badigeonner finement les couvercles de crème, saupoudrer de

persil haché
cumin
pavot
paprika doux   disposer sur les dessous correspondants.

171

Galettes viennoises au lard

Galettes viennoises au lard

	couper en petits dés, faire revenir
150 g de lard	peler, couper en petits dés
1 petit oignon	ajouter au lard presque revenu, faire dorer, laisser refroidir
	mélanger
250 g de farine	avec
50 g de Maïzena	
3 g de levure en	
poudre	tamiser sur un plan de travail, faire un puits au centre, ajouter
1 c. à t. rase de sel	
1 blanc d'œuf	
3 c. à s. d'eau	travailler avec une partie de la farine, mettre par-dessus la matière grasse refroidie avec les lardons et les dés d'oignon, recouvrir de farine, à partir du centre pétrir rapidement

tous les ingrédients en une pâte lisse, former des rouleaux de pâte de 3 cm d'épaisseur environ, les mettre au frais jusqu'à ce qu'ils durcissent, les couper en rondelles de 0,5 cm d'épaisseur, poser sur une plaque battre

1 jaune d'œuf	avec
1 c. à s. de lait	en badigeonner les galettes saupoudrer de
cumin	
gros sel	
fromage râpé	mettre au four préchauffé
four électrique:	175-200
four à gaz:	3-4
temps de cuisson:	10-12 minutes.

Bâtonnets au sésame et au fromage

	mélanger
125 g de fromage	
blanc	avec
3 c. à s. de lait	
1 œuf	
3 c. à s. d'huile	
1 c. à t. de sel	mélanger, tamiser
250 g de farine	
11 g de levure en	

Bâtonnets au sésame et au fromage

poudre	en mélanger la moitié au fromage blanc, pétrir le reste de farine, incorporer
50 g de sésame grillé	
25 g de parmesan râpé	étaler la pâte sur 0,5 cm d'épaisseur, découper au couteau ou à la roulette des bandes de 1,5 cm de large sur 12 cm de long battre
1 jaune d'œuf	avec
1 c. à t. de lait	en badigeonner les bâtonnets, poser sur une plaque beurrée, mettre au four préchauffé
four électrique:	175-200
four à gaz:	3-4
temps de cuisson:	10-15 minutes.

Triangles au fromage

Triangles au fromage

150 g de farine	tamiser sur un plan de travail faire un puits au centre ajouter
80 g de parmesan râpé ou de gruyère râpé	
1/2 c. à t. de sel poivre paprika doux 1 œuf	
3 c. à s. de lait	travailler en une préparation épaisse avec une partie de la farine couper en morceaux, poser par-dessus
100 g de beurre froid ou de margarine	recouvrir de farine, à partir du centre pétrir rapidement tous les ingrédients en une pâte lisse, si elle collait, la mettre un moment au frais, étaler finement la pâte, découper en carrés (5 × 5 cm), les couper en deux pour obtenir des triangles poser les triangles sur une plaque beurrée, badigeonner de
lait concentré	saupoudrer selon le goût de paprika mettre au four préchauffé
four électrique:	175-200

four à gaz:	3-4
temps de cuisson:	environ 10 minutes.

Croustisalées
(Illustr. p. 166-167)

	faire dégeler selon le mode d'emploi
300 g de pâte feuilletée surgelée	étaler, découper à la roulette en lamelles de 2 × 12 cm battre
1 jaune d'œuf	avec
1 c. à s. de lait concentré	en badigeonner les bâtonnets saupoudrer de
gros sel	enrouler les bâtonnets en spirale (une extrémité vers la droite, l'autre vers la gauche) poser sur une plaque aspergée d'eau froide
four électrique:	200-225
four à gaz:	4-5
temps de cuisson:	environ 10 minutes.

BOISSONS

Des idées rafraîchissantes à mixer soi-même

(Recette p. 176)

Kir

Kir
(1 personne)

	mettre dans un verre
100 ml de vin blanc sec	mélanger avec
2 c. à s. de crème de cassis	servir bien frais.

Juanitos drink
(Illustr. p. 174-175)

	mettre dans un verre des
glaçons	ajouter
1 rondelle de citron vert (non traité)	verser par-dessus
6-8 c. à s. de tequila	étendre de
limonade glacée	servir avec des pailles.

Green grass

	pour les dés de glace au concombre peler, couper en gros dés, mixer
1 petit concombre poivre sel de céleri herbes panachées hachées	épicer avec du
	mettre la préparation dans le bac à glace, faire prendre au congélateur
	pour la boisson mettre un glaçon au concombre dans une coupe à champagne, remplir de
champagne frais	

Blue Angel
(1 personne)

	mettre dans une coupe à champagne
1-2 c. à s. de curaçao bleu	remplir avec du
champagne frais	mélanger un peu à son gré.

Soft Blossom
(1 personne)

	mettre dans une coupe à champagne
1-2 c. à s. de liqueur d'abricot	remplir avec du
champagne frais	ajouter à son gré de l'
angostura bitter	

Black Velvet
(1 personne)

	mettre dans une coupe à champagne
100 ml (env. 1/2 verre) de bière brune champagne frais	remplir avec du
remarque:	il faut verser très délicatement cette préparation dans la coupe car elle mousse beaucoup. Les connaisseurs mélangent le Black Velvet en tenant une boisson dans chaque main et en remplissant régulièrement la coupe.

Schwyz
(1 personne)

| | mettre dans une coupe à champagne |
| **1 c. à t. de sirop de** | |

Green grass, Blue Angel, Soft Blossom, Black Velvet, Schwyz, sang turc

grenadine	
1 c. à s. de kirsch	
1 c. à s. de jus	
d'orange	mélanger, remplir avec du
champagne frais	

Sang turc
(1 personne)

	mettre dans une coupe à champagne
2 c. à s. de vin rouge	remplir de
champagne frais	

Cocktail de pastèque au rhum blanc
(6 personnes)

	peler, couper en deux
1 pastèque	détacher du centre de la chair quelques petites boules avec un appareil spécial, épépiner le reste de la chair, couper en petits dés, mixer
	assaisonner avec le jus de
1 citron env.	mélanger
125 ml de rhum blanc	laisser reposer à couvert au frais
	laver à l'eau chaude
1 citron vert	
(non traité)	sécher, couper en fines rondelles juste avant de servir, mettre le cocktail à la pastèque dans 6 verres, garnir avec les boules de pastèque et les rondelles de citron
	servir bien frais
variante:	on peut remplacer la pastèque par du melon.

Cocktail de pastèque au rhum blanc

Southern comfort tonic

Southern comfort tonic
(2 personnes)

	mettre dans 2 verres hauts des
glaçons	mettre par-dessus
8 c. à s. de Cointreau	
jus de 1/2 citron	remplir avec du
tonic	mélanger, garnir avec des
zestes de citron	

Gin-Fizz

	porter à ébullition
50 g de sucre	avec
3 c. à s. d'eau	faire bouillir rapidement, laisser refroidir, mélanger avec
125 ml de gin	
125 ml de jus de	
citron	humecter les bords du verre avec du
jus de citron	presser le bord des verres dans du
sucre	verser le cocktail
	ajouter des
glaçons	allonger d'
eau	garnir avec des
rondelles de citron	

177

Drink des Caraïbes

Drink des Caraïbes
(1 personne)

	mettre dans le shaker
3 c. à s. de liqueur de lait de coco	avec
2 c. à s. de rhum blanc	
5 c. à s. de jus d'ananas	
2-3 glaçons	bien secouer
	mettre dans un verre
1 glaçon	verser par-dessus le liquide
	garnir avec de la
menthe fraîche	

Party cocktail
(1 personne)

	mettre dans le shaker
2 c. à s. de bourbon	avec
2 c. à s. de Campari	
1 c. à s. de marasquin	
glaçons	bien secouer, verser dans un grand verre, remplir de
champagne frais	ajouter des
morceaux d'ananas	
1 cerise au marasquin	

Champagne fruité

	plonger rapidement à l'eau bouillante (ne pas faire cuire)
6 pêches	plonger à l'eau froide, peler, couper en deux, dénoyauter
	peler
1/4 d'ananas	couper les deux ingrédients en fines tranches, mettre dans une coupe à sangria
	verser par-dessus le
jus de 1 citron	
jus de 2 oranges	ajouter
4 c. à s. d'eau-de-vie	laisser reposer une heure à couvert, juste avant de servir remplir avec
2 bouteilles de champagne ou de mousseux bien frais	

Tempo

	laver à l'eau chaude
2 citrons (non traités)	
2 oranges (non traitées)	couper en fines rondelles
	laver, couper en deux, épépiner
500 g de raisins blancs	mettre les fruits dans une large coupe, verser par-dessus
glaçons	
10 c. à s. de gin	
10 c. à s. de vermouth	
1 bouteille de vin blanc acide	
1 bouteille de limonade	laisser reposer à couvert une heure dans un endroit frais.

Tempo

Sangria exotique

Sangria exotique

	épépiner, peler
1/2 melon	laver, sécher, inciser, dénoyauter
6-8 dattes fraîches	couper les deux ingrédients en dés, mettre dans une coupe à sangria verser par-dessus
5 c. à s. d'eau-de-vie	laisser reposer une heure à couvert peler, couper en fines tranches
2 kiwis	laver, sécher, couper en deux
1 kaki	couper en rondelles ou en dés (selon la maturité) mettre les fruits dans la coupe à sangria, ajouter
1 bouteille de vin blanc	laisser encore reposer une heure à couvert, juste avant de servir verser
2 bouteilles de vin blanc frais	
1 bouteille de mousseux frais	

Sangria espagnole

	laver à l'eau chaude
2 citrons	
3 oranges moyennes	couper en fines rondelles, mettre dans une coupe à sangria saupoudrer par-dessus
100 g de sucre	laisser reposer à couvert 30 minutes, verser par-dessus
1 bouteille de vin rouge	laisser encore reposer 30 minutes, juste avant de servir, remplir avec
1 bouteille d'eau fraîche	

Pêches en collerette

	laver, sécher
4 pêches mûres	les piquer avec un bâtonnet de bois, les mettre dans 4 verres et remplir avec du
mousseux frais	

Drink au citron vert
(1 personne)

	mettre dans un verre
1 glaçon	
4 c. à s. de vermouth sec	ajouter
1 c. à s. de jus de citron vert	garnir avec de la
citronnelle	

Drink au citron vert

Flip de l'automobiliste — Salut les copains, flip de l'automobiliste — Bon voyage

Flip de l'automobiliste – Salut les copains

	laver à l'eau chaude
1 citron	
1 orange	
(non traités)	peler finement les citrons, couper en lamelles et les oranges en rondelles, mettre dans un shaker avec
8 glaçons au jus d'orange	
500 ml de jus de raisin noir	
1 c. à s. de jus de citron	bien secouer, répartir dans 4 verres, remplir avec
250 ml de limonade à l'orange	garnir à son gré avec des lamelles de citron et des tranches d'orange.

Flip de l'automobiliste – Bon voyage

	battre dans un shaker
4 glaçons	avec
2 œufs	
3 c. à s. de sucre glace	
moelle de 1/2 gousse de vanille	
250 ml de lait froid	répartir dans 4 verres remplir avec
375 ml d'eau	saupoudrer de
noix de muscade râpée	

Cocktail aux trois fruits

Cocktail aux trois fruits
(5 personnes)

	couper en 5 rondelles
1 citron vert	
(non traité)	avec le reste des morceaux de citron frotter les bords de 5 verres à cocktail, presser dans du
sucre	mélanger
250 ml de jus d'ananas	
sans sucre	avec
125 ml de nectar de fruits de la passion	
125 ml de jus de pamplemousse	
125 ml de rhum blanc	mettre dans chaque verre des
glaçons	remplir avec le liquide, garnir avec les rondelles de citron vert.

Flip-orange

	battre
250 ml de jus d'orange	avec
150 g de crème	
épaisse	assaisonner avec du
sucre	

Egg-Nog
(1 personne)

2 jaunes d'œufs	battre en mousse au batteur électrique
1 c. à s. de sucre	ajouter
zeste râpé d'un citron (non traité)	
1-2 c. à s. de brandy chauffé	
1-2 c. à s. d'eau bouillante	mélanger, verser la boisson mousseuse dans des coupes à champagne, servir immédiatement.

Egg-Nog

Drink aux tomates

	laver, ôter les pédoncules de
250 g de tomates	couper en morceaux
	couper en morceaux
75 g de melon pelé	mettre peu à peu les deux ingrédients dans la centrifugeuse électrique, ajouter au jus
1 c. à t. de jus de citron	
poivre de Cayenne	
sauce Worcester	
sel	verser le drink aux tomates dans 4 verres, décorer avec de la
crème fouettée	saupoudrer de
paprika doux	servir avec des
glaçons	

Drink aux tomates, drink au concombre

Drink au concombre
(1 personne)

	laver, couper en deux, épépiner
250 g de concombre	couper en morceaux, mettre peu à peu dans une centrifugeuse électrique mélanger au jus
1 c. à s. de crème fraîche	assaisonner avec du
sel	
poivre	
feuilles de fenouil hachées	servir le drink au concombre avec des
glaçons	

CONSERVES PIQUANTES

Idées aigres-douces en bocaux
(Recette p. 186)

Betteraves rouges épicées

Betteraves rouges épicées

	nettoyer, brosser soigneusement à l'eau froide courante
1 kg de betteraves rouges	porter à ébullition de l'
eau salée	y faire cuire les betteraves à point, sortir de l'eau, arroser d'eau froide, peler, couper en rondelles, couper éventuellement en deux auparavant peler, couper en rondelles
5 oignons moyens	ranger en couche dans une jatte la betterave rouge et l'oignon en rondelles avec
2 feuilles de laurier cassées en petits morceaux	
12-15 clous de girofle	
12-15 graines de piment	
	pour le sirop de vinaigre porter à ébullition
75 g de sucre	avec
500 ml d'eau	
1 c. à t. de sel	ajouter
250 ml de vinaigre de vin (5 %)	verser sur les betteraves, laisser macérer quelques jours
temps de cuisson:	environ 1 heure.

Fenouil aigre-doux

	nettoyer, laver, couper en quatre
env. 1,5 kg de fenouils	mettre dans
500 ml d'eau salée	porter à ébullition, faire bouillir 10 minutes, laisser égoutter porter à ébullition
375 ml de vinaigre de vin (5 %)	avec
500 ml d'eau	
125 g de sucre	peler, hacher fin
100 g d'échalotes	
3 gousses d'ail	laver à l'eau chaude, sécher
1 citron vert (non traité)	couper en rondelles mettre les 3 ingrédients dans le liquide chaud avec
2 petits piments rouges	
2 fleurs d'anis étoilé	
1 c. à s. de poivre vert	
aiguilles de romarin	faire bouillir, ôter du feu ajouter
1 paquet d'auxiliaire de conservation	mettre les fenouils dans un grand bocal, verser le liquide par-dessus, laisser refroidir, fermer le bocal.

Fenouil aigre-doux

Chutney tomates et poivrons

Chutney tomates et poivrons

	couper en deux, équeuter, épépiner
2 poivrons verts	
1 poivron rouge	ôter les peaux blanches, laver
	plonger rapidement à l'eau bouillante (ne pas faire cuire)
1 kg de tomates	plonger à l'eau froide, peler, couper les légumes en morceaux
	peler, couper en morceaux
500 g d'oignons	porter à ébullition avec
200 g de sucre glace	
6 clous de girofle	
10 graines de moutarde	
5 grains de poivre	
sel	
paprika doux	
250 ml de vinaigre aux herbes	faire étuver
	mettre le chutney en bocal, laisser refroidir, fermer le bocal
temps de cuisson:	environ 30 minutes.

Cornichons au vinaigre

	laver
4 kg de cornichons d'assez bonne taille	recouvrir avec de l'
eau salée (1 l d'eau et 75 g de sel)	laisser reposer 12-24 heures dans un endroit frais, puis brosser soigneusement et rincer
	frotter chaque cornichon dans un torchon, ôter les parties gâtées

	peler
375 g de petits oignons blancs	nettoyer, laver, couper en tronçons
75 g de raifort	laver
feuilles de fenouil	
estragon	ranger les cornichons par couches avec les autres ingrédients dans un bocal
	pour le sirop de vinaigre
	porter à ébullition
1,5 l de vinaigre de vin (5 %)	
1,5 l d'eau	
300-375 g de sucre	ôter du feu
	ajouter
1 paquet d'auxiliaire de conservation	verser assez de liquide sur les cornichons pour qu'ils soient bien couverts, laisser refroidir, fermer le pot.

Poires aigres-douces

	peler, laver, ôter la queue et la mouche (laisser éventuellement la queue) de
2 kg de petites poires	mettre dans de l'
eau salée	pour les empêcher de noircir
	pour la solution de vinaigre
	porter à ébullition
750 ml de vinaigre de vin (5 %)	avec
250 ml d'eau	
1 kg de sucre candi blanc	
4 clous de girofle	
1 bâton de cannelle	
1 morceau de racine de gingembre	

Poires aigres-douces

(séché)
**2-3 fleurs d'anis étoilé
(épices dans un filet
de mousseline)** petit à petit y faire presque
complètement cuire les poires, sortir à
l'écumoire, mettre en bocaux, laisser
encore un peu bouillir le jus, verser sur
les fruits, mettre au frais à couvert
vider le jus au bout de 3 jours, faire
réduire, ôter du feu
incorporer

**1 paquet
d'auxiliaire
de conservation** reverser sur les poires, laisser refroidir,
fermer les bocaux.

Cornichons à la moutarde

peler, couper en deux dans le sens de la
longueur

**6 kg de gros
cornichons
fermes** gratter la chair à la cuillère, couper en
lamelles grosses comme le doigt
ranger par couches dans une jatte avec
200 g de sel laisser reposer 12-24 heures dans un
endroit frais, laisser égoutter, sécher

Cornichons à la moutarde

soigneusement peler
**250 g de petits
oignons blancs** nettoyer, laver, couper en tronçons
1/2 raifort ranger par couches les cornichons avec
oignons, raifort

**10 clous de girofle
3 feuilles de laurier
15-20 grains de poivre
blanc et noir
100 g de graines de
moutarde
jaunes
(éventuel. dans une
mousseline)** dans un pot en grès ou des bocaux

pour le sirop de vinaigre
porter à ébullition
**1,5 l de vinaigre de
vin (5 %)
1 l d'eau
600 g de sucre** ôter du feu
ajouter
**1 paquet
d'auxiliaire
de conservation** verser sur les cornichons, laisser
refroidir, fermer les récipients
on peut consommer les cornichons au
bout de 4 semaines.

Petits fromages de chèvre à l'huile
(Illustr. p. 182-183)

mélanger
500 ml d'huile avec
**1/2 c. à t. de grains de
poivre
2 gousses d'ail pelées
câpres
1/4 c. à t. de cumin
1 feuille de laurier
1 petite branche de
romarin
1 petite branche de
thym
1-2 piments rouges** mettre dans un grand bocal
**500 g de petits
fromages
de chèvre** recouvrir de marinade (les fromages
doivent être complètement recouverts),
laisser reposer au minimum 4-5 jours
accompagnement: pain bis, complet ou seigle

Mixed Pickles

laver
**1 kg de petits
cornichons**

fermes	couvrir d'
eau salée (1 l d'eau et 75 g de sel)	laisser reposer 12-24 heures en un endroit frais, puis brosser soigneusement, rincer
	frotter les cornichons un par un dans un torchon, ôter les parties gâtées
	nettoyer
1 petit chou-fleur	diviser en bouquets, laver (mettre éventuellement dans de l'eau salée, pour éloigner les vers et les insectes), égoutter
	ôter les fils, laver
250 g de haricots verts	couper en tronçons de 4 cm de long
	nettoyer, gratter, laver
500 g de carottes	couper en rondelles au couteau décorateur spécial
	les uns après les autres, faire cuire dans l'eau presque complètement le chou-fleur, les haricots et les carottes
	nettoyer, laver, couper en tronçons
1/2 raifort	peler
125 g de petits oignons blancs	ranger fermement en couches les légumes, le raifort et les oignons dans les bocaux avec
3 feuilles de laurier	
20 grains de poivre	
10 graines de piment	
	pour le sirop de vinaigre
	porter à ébullition
750 ml de vinaigre de vin (5 %)	avec
1 1/4 l d'eau	
125 g de sucre	
60 g de sel	ôter du feu
	ajouter
1 paquet d'auxiliaire de conservation	verser sur les mixed pickles, laisser refroidir, fermer les bocaux
conseil:	fermeture des bocaux: découper des rondelles de papier sulfurisé à la taille de la surface des conserves, passer dans de l'alcool pur, rhum ou vinaigre, poser sur les conserves, bien presser, badigeonner régulièrement la feuille avec de la préparation pour conserves, à l'aide d'un pinceau; fermer les bocaux avec de la cellophane.

Tomates au vinaigre

Tomates au vinaigre

	laver, sécher,
2 kg de petites tomates fermes mûres	piquer chacune 15-20 fois avec un

	bâtonnet de bois, mettre en bocaux
	pour la solution de vinaigre
	peler, couper en anneaux
4 échalotes ou petits oignons	porter à ébullition avec
1 l de vinaigre de vin	
250 ml d'eau	
20 g de sel	
20 g de sucre	
2 clous de girofle	
20 g de poivre en grains	
20 g de graines de moutarde	ôter du feu
	incorporer
1 paquet d'auxiliaire de conservation	verser sur les tomates, laisser refroidir, fermer les bocaux.

CUISINE LEGERE

Rapide, pleine de vitamines et saine
(Recette p. 196)

Soupe aux poireaux

Soupe aux poireaux

	nettoyer, laver, couper en fines rondelles
3 poireaux	éventuellement laver encore une fois faire fondre
1 c. à s. de beurre	y faire étuver les poireaux

Soupe aux herbes

	ajouter, faire étuver aussi
50 g de flocons d'avoine	ajouter
1 l de bouillon de viande instantané	porter à ébullition, faire bouillir environ10 minutes, mélanger à la soupe cuite
125 ml de crème fraîche	assaisonner avec du
sel	
paprika doux	servir garni à son gré de
cresson de fontaine rondelles de poireau	
temps de cuisson:	environ 15 minutes
accompagnement:	baguette, beurre
conseil:	mélanger à un peu d'eau ou de crème fraîche 1-2 portions de fromage fondu, mettre dans la soupe, chauffer en même temps.

Soupe aux herbes

	nettoyer, laver, couper fin, éventuellement laver encore une fois
1 petit poireau	faire fondre
50 g de beurre	y faire étuver le poireau
	ajouter
30 g de flocons d'avoine	

instantanés	verser
1 l de bouillon de volaille instantané	
instantané	laver, sécher, hacher fin
100 g d'herbes	
panachées	mettre dans le bouillon, mixer, porter la soupe à ébullition, faire cuire 2-3 minutes
	battre
1 jaune d'œuf	avec
125 ml de crème	
fraîche	en velouter la soupe
	assaisonner avec du
poivre	
noix de muscade	
râpée	garnir de
cresson de fontaine	

Poivrons farcis

	équeuter, ôter le chapeau de
4 poivrons rouges	
moyens	ôter les pépins et les peaux blanches, laver, sécher
	peler
1 oignon	couper en dés ainsi que
50 g de lard	mélanger avec
250 g de viande hachée (moitié bœuf, moitié porc)	
1 œuf	
3 c. à s. de flocons	
d'avoine	assaisonner la préparation avec du
sel	
poivre	verser dans les poivrons, remettre le couvercle
	couper en dés

Poivrons farcis

Muesli à la Bircher-Benner

100 g de lard	faire revenir dans une casserole, mettre les poivrons dans la casserole, verser
125-250 ml d'eau	faire cuire les poivrons
temps de cuisson:	50-60 minutes
accompagnement:	riz ou purée de pommes de terre, sauce tomate.

Muesli à la Bircher-Benner

	sur
200 g de flocons d'avoine	verser
250 ml de lait	
125 ml de crème	
fraîche	laisser macérer
	laver, sécher, couper en quatre, épépiner, couper fin
4 pommes	arroser avec le

Crêpes à la crème au fromage

jus d'1 citron	peler
2 bananes	
4 oranges	couper les bananes en rondelles, les oranges en petits morceaux mélanger aux fruits
50 g de noisettes hachées ou d'amandes mondées, hachées	
2 c. à s. de miel ou 4 c. à s. de sucre	incorporer aux flocons.

Crêpes à la crème au fromage

	pour la crème au fromage bien mélanger
250 g de fromage blanc maigre	avec
env. 4 c. à s. de crème fraîche ou de lait	bien mélanger incorporer
1 c. à t. de raifort râpé (en bocal)	
3 c. à s. de flocons d'avoine	
1-2 c. à s. de civette	

hachée	assaisonner la crème avec du
sel	
	pour les crêpes aux herbes tamiser dans une jatte
150 g de farine	mélanger avec
2 c. à s. de flocons d'avoine	faire un puits au centre battre
3 œufs	avec
250 ml d'eau	en mettre un peu dans le puits, à partir du centre mélanger le liquide aux œufs et le mélange farine-flocons d'avoine, ajouter peu à peu le reste du liquide aux œufs en veillant à ce qu'il ne se forme pas de grumeaux, laisser gonfler environ 1 heure ajouter à la pâte
50 g de fromage râpé	
2 c. à s. d'herbes hachées panachées	peler, couper en dés, ajouter
1 oignon	assaisonner la pâte avec du
sel	faire chauffer dans une poêle un peu des
4 c. à s. d'huile	y faire dorer les deux côtés une fine couche de pâte avant de retourner la crêpe, mettre un peu d'huile dans la poêle mettre les crêpes prêtes au chaud, travailler le reste de pâte de la même façon

servir les crêpes avec le fromage à la crème, garnir avec du

cresson de fontaine

Fenouils au four

	nettoyer, laver, couper en deux
4 petits fenouils	faire fondre
60 g de beurre	y faire cuire les fenouils
	épicer avec du
sel	dresser les fenouils les uns à côté des autres dans un plat à feu beurré
	mélanger
2 œufs	avec
125 ml de lait	
3 c. à s. de flocons d'avoine instantanés	verser sur les fenouils
	couper en lanières
400 g de jambom cuit	répartir sur les fenouils ainsi que
100 g de gruyère râpé	mettre le plat sur la grille du four préchauffé
	saupoudrer les fenouils dorés de
2-3 c. à s. de persil	
four électrique:	env. 200
four à gaz:	env. 4
temps de cuisson:	env. 30 minutes
variante:	remplacer les fenouils par du céleri-rave, poireaux ou endives.

Fenouils au four

Champignons de Paris marinés
(6 personnes)

	pour la marinade
	mettre dans une grande poêle
env. 5 c. à s. d'huile d'olive	peler, presser
2 gousses d'ail	mettre dans l'huile avec
200 ml d'eau	
env. 4 c. à s. de jus de citron	
2 feuilles de laurier	
sel	
poivre	porter à ébullition à couvert, faire bouillir env. 5 minutes
	nettoyer, laver, égoutter
750 g de petits champignons de Paris fermes	mettre dans la marinade, laisser étuver 7-10 minutes à couvert, assaisonner avec du poivre, sel, laisser refroidir dans la marinade
	laisser macérer plusieurs heures ou une nuit, juste avant de servir, vider la marinade
	mélanger les champignons avec
1-2 c. à s. de persil haché	dresser dans 6 assiettes de verre, garnir avec des
quartiers de tomates persil	
accompagnement:	baguette, beurre.

Œufs brouillés aux flocons

	battre
4 œufs	avec

Œufs brouillés aux flocons

4 c. à s. de lait	
sel	
4 c. à s. de flocons	
d'avoine instantanés	faire fondre dans une poêle
1-2 c. à s. de beurre	
ou de margarine	verser la préparation aux œufs
	dès que la préparation commence à se
	boursoufler, la détacher du fond de la
	poêle en grattant avec une cuillère,
	continuer de chauffer jusqu'à ce qu'il
	n'y ait plus de liquide
	les œufs brouillés doivent être souples et
	grumeleux, mais pas secs
	dresser les œufs brouillés sur
4 tranches de pain bis	saupoudrer de
1 c. à s. de civette	
finement hachée	
100 g de jambon cru	
en dés	
temps de cuisson:	environ 5 minutes.

Pommes au four croustillantes

	pour la farce
	trier
3 c. à s. de raisins	
secs	laisser macérer une heure dans
5 c. à s. de rhum	faire fondre dans une poêle
2 c. à s. de beurre	y faire dorer en remuant constamment
4 c. à s. de flocons	
d'avoine	
5 c. à s. de sucre roux	ôter du feu, ajouter le rhum et les
	raisins, et
5 c. à s. de crème	
fraîche	bien mélanger
	laver, vider le cœur de
4-5 pommes	
(par ex. boskoop)	mettre dans un plat à feu beurré
	remplir avec la préparation
	croustillante, mettre sur la grille dans le
	four préchauffé
four électrique:	environ 225
four à gaz:	environ 5
temps de cuisson:	environ 30 minutes
accompagnement:	sauce vanille ou glace à la noisette.

Filet de bœuf impérial
(2 personnes)

	laver, sécher, couper en 2 tranches
400 g de filet de	
bœuf	frotter avec
sel	
poivre	
1 c. à t. d'herbes de	
Provence	peler, couper en dés
1 oignon	peler et frotter une poêle avec
1 gousse d'ail	(si on le désire)

Filet de bœuf impérial

	y faire chauffer
2-3 c. à s. d'huile	y faire dorer les filets des deux côtés,
	sortir, tenir au chaud
	vider la matière grasse de la poêle, y
	faire fondre
1-2 c. à s. de beurre	y faire glacer les oignons, verser
100 ml de vin blanc	mélanger
150 g de crème	
épaisse	porter rapidement à ébullition,
	assaisonner la sauce avec du sel, poivre
extrait de viande	mélanger
1 c. à s. de persil	
haché	couper en lamelles
2 tranches de pain	
(3 cm d'épaisseur	
chacune)	les faire dorer de tous côtés dans du
beurre	dresser sur un plat chaud, couper encore
	une fois les filets, dresser en éventail sur
	le pain, arroser de sauce
temps de cuisson:	environ 3 minutes pour chaque face des
	filets
accompagnement:	asperges, champignons
variante:	faire chauffer 3 c. à s. d'eau-de-vie,
	verser sur la viande, flamber.

Entremets au fromage blanc et aux framboises

	dans une petite casserole mélanger
1 paquet (9 g) de	
gélatine en poudre	avec
5 c. à s. d'eau froide	laisser gonfler 10 minutes, faire chauffer
	en remuant jusqu'à ce qu'elle soit
	fondue
	bien mélanger
250 g de fromage	
blanc entier	avec

Entremets au fromage blanc et aux framboises

75 g de sucre	
jus de 1 citron	
40 g d'amandes mondées hachées	
4 c. à s. de flocons d'avoine instantanés	battre la solution de gélatine tiède dans la préparation au fromage blanc incorporer délicatement
300 g de framboises triées	verser l'entremets dans un moule rincé à l'eau froide faire prendre au réfrigérateur, renverser sur une assiette à dessert, garnir avec des
framboises Chantilly	décorer à son gré de

	mélanger à
150 g de yaourt	incorporer
1-2 c. à s. de sucre	
4 c. à s. de flocons d'avoine	verser la préparation dans les écorces de pamplemousse, garnir avec des
cerises cocktail	

Pamplemousse au muesli

Pamplemousse au muesli
(2 personnes)

	laver, sécher, couper en deux
1 pamplemousse	avec un couteau pointu, détacher délicatement la chair de l'écorce, ôter les peaux blanches
	laver, couper en deux, dénoyauter
1 pêche	hacher fin les deux fruits

Omelettes

	bien battre
4 œufs	avec
1/2 c. à t. de sel	
4 c. à s. de lait	
4 c. à s. de flocons d'avoine instantanés	faire fondre dans une poêle
2 c. à s. de beurre ou de margarine	y verser environ 1/4 de la préparation aux œufs, faire dorer des deux côtés avant de retourner l'omelette, mettre de la matière grasse dans la poêle, tenir au chaud l'omelette prête, travailler le reste des œufs de la même manière
accompagnement:	fraises sucrées, groseilles ou framboises.

Omelettes

Muesli "bonne humeur"
(Illustr. p. 188-189)

	laver, bien égoutter, équeuter
75 g de fraises	couper les gros fruits en deux
	laver, égoutter, égrainer à la fourchette
50 g de groseilles	mettre les fruits dans une jatte
	saupoudrer de
2-3 c. à s. de flocons d'avoine	
1-2 c. à s. de sucre perlé	arroser de
250 ml de lait froid	

Coupes aux raisins
(2-3 personnes)

	faire fondre dans une poêle
1 c. à s. de beurre	y faire dorer en remuant constamment
8 c. à s. de flocons d'avoine	saupoudrer de
1 c. à s. de sucre	laisser dorer encore 1 minute
	laver, couper en deux, épépiner
250 g de raisins blancs ou noirs	mélanger en une préparation crémeuse
250 g de fromage blanc entier	avec
1 c. à s. de jus de citron	
2 c. à s. de sucre	ranger par couches dans des coupes des moitiés de raisins, le fromage blanc, les flocons grillés.

Flocons à l'orange
(1 personne)

	peler, couper en petits morceaux
2 petites oranges	mélanger avec
1 c. à s. de miel	laisser reposer quelques minutes
	mélanger aux morceaux d'oranges
4 c. à s. pleines de flocons d'avoine	mettre dans des coupes, garnir à son gré de
1 rondelle d'orange petites feuilles de menthe	
variante:	incorporer des noisettes ou des amandes mondées, recouvrir de crème fraîche.

Dessert aux pommes crues
(2 personnes)

	laver, sécher, couper en quatre
2 pommes moyennes	épépiner, couper en petits morceaux
	mélanger

Ananas au four

préchauffé, servir chaud ou froid avec des

lamelles d'orange (non traitée) quartiers d'orange	
four électrique:	environ 200
four à gaz:	environ 4
temps de cuisson:	environ 10 minutes
accompagnement:	crème Chantilly.

Muesli des tropiques

	faire fondre dans une poêle
1 c. à s. de beurre	y faire dorer en tournant
8 c. à s. de flocons d'avoine	saupoudrer de
1 c. à s. de sucre	faire dorer encore 1 minute, laisser refroidir
	peler, dénoyauter
1 mangue	peler
2 kiwis	
2 bananes	laver, couper en deux, dénoyauter
2 nectarines ou pêches	couper les fruits en rondelles, mettre dans une coupe
	mélanger
1 c. à s. de jus de citron	
2 c. à s. de sucre	verser par-dessus
200 g de yaourt	saupoudrer de flocons grillés.

150 g de yaourt	
1 c. à s. de sucre	ajouter
6 c. à s. pleines de flocons d'avoine	
variante:	incorporer des noisettes râpées, des raisins secs ou de la cannelle en poudre.

Salade de fruits à la crème sherry

	faire égoutter, couper en morceaux
3 rondelles d'ananas (en boîte)	couper en lamelles
4 demi-pêches dénoyautées	peler
3 kiwis	
1 banane	couper ces fruits en rondelles
	laver, égoutter
200 g de fraises	équeuter
	laver
200 g de raisins blancs	couper fraises et raisins en deux, épépiner les raisins
	mettre les fruits dans une coupe ou un grand verre, mélanger, saupoudrer de
1 c. à s. de sucre	verser par-dessus
4 c. à s. de cream sherry	laisser reposer à couvert 1/2 heure environ à température ambiante
	juste avant de servir, saupoudrer sur la salade de fruits
1 c. à s. de pistaches finement hachées	

Ananas au four

	dans un moule à feu beurré, mettre la moitié de
8 tranches d'ananas (en boîte)	badigeonner les tranches avec
2 c. à s. de marmelade d'oranges	poser par-dessus les autres tranches d'ananas
	faire fondre
50 g de beurre	y ajouter
100 g de flocons d'avoine	
50 g de sucre	
50 g d'amandes mondées hachées	mélanger, répartir la préparation sur les ananas fourrés
	mettre le plat sur la grille au four

FINES SPECIALITES

Un peu de nouvelle cuisine
(Recette p. 200)

Queues de langoustines en sabayon d'échalotes

Queues de langoustines en sabayon d'échalotes

	brosser soigneusement à l'eau courante froide
600-750 g de langoustines	porter à ébullition
3 l d'eau	avec
3-4 c. à s. de sel	
1 pincée de cumin	
1 c. à s. de feuilles de fenouil	faire bouillir environ 5 minutes, y plonger les langoustines 2 par 2 la tête la première, porter à ébullition (les langoustines se colorent alors en rouge) ajouter ensuite 2 par 2 les autres langoustines, porter toujours à ébullition entre deux paires, répéter le processus jusqu'à ce que toutes les langoustines soient dans le bouillon, faire bouillir environ 5 minutes sortir les queues des carapaces, laisser refroidir
	pour le sabayon aux échalotes passer le bouillon au tamis, en recueillir 250 ml peler, couper en dés
5 échalotes	porter à ébullition avec le bouillon mesuré et
1 c. à s. de vinaigre d'échalotes ou d'estragon	faire réduire à 5-6 c. à s. de liquide ajouter
2 jaunes d'œufs sel	
poivre	au bain-marie, à faible température, battre au fouet jusqu'à ce que la

préparation ait doublé et soit de consistance crémeuse, dresser les queues de langoustines sur un plat, garnir avec du

fenouil   mettre le sabayon aux échalotes au centre du plat ou servir à part.

Entrées panachées
(Illustr. p. 198-199)

	brosser soigneusement à l'eau froide courante
env. 8 grosses langoustines	porter à ébullition
env. 2 l d'eau	avec
3 c. à s. de sel	
1/4 c. à t. de cumin	
1 c. à s. de feuilles de fenouil séchées	porter à ébullition, faire cuire env. 5 minutes, y plonger tout d'abord 2 langoustines la tête la première, porter à ébullition (les langoustines se colorent alors en rouge), ajouter ensuite les autres paires de langoustines, entre deux, porter toujours l'eau à ébullition, répéter le processus jusqu'à ce que toutes les langoustines soient dans le bouillon laisser cuire environ 10 minutes dresser dans un grand plat
1 bouquet de feuilles de fenouil lavées	poser par-dessus les langoustines encore chaudes, passer le bouillon au tamis, verser sur les langoustines, laisser refroidir, recouvrir d'alu, mettre au froid 10-12 heures sortir les langoustines du bouillon, briser la carapace, sortir la chair de la queue, mettre sur une assiette, garnir avec 4 têtes de langoustines
anneaux d'avocats pelés coupés en deux rondelles de champignons de Paris cresson branches de fenouil	laver à l'eau froide courante
2 truites prêtes à cuire (250-300 g chacune)	porter à ébullition
125 ml de vin blanc	avec
125 ml d'eau	
10 grains de poivre	
1 c. à s. de vinaigre de vin	
1 c. à t. faiblement bombée de sel	y plonger les truites, fermer la casserole avec un couvercle, porter à ébullition, faire cuire les truites env. 15 minutes, sortir les truites cuites, laisser refroidir

pour la sauce

porter à ébullition le court-bouillon, ajouter

150 g de crème épaisse faire bouillir rapidement en tournant, assaisonner la sauce avec du

sel

poivre passer à travers un fin tamis, remuer de temps en temps durant le refroidissement

ôter peau et tête des truites, ôter délicatement les arêtes, disposer dans les assiettes avec les langoustines, recouvrir les filets de truite avec une partie de la sauce, servir le reste à part

accompagnement: toasts, beurre.

Salade de crabe dans sa carapace

sortir de la carapace

4 crabes cuits (400 g chacun) couper en fines rondelles la chair laver la carapace des crabes à l'eau ôter les feuilles fanées de

1 laitue détacher les autres du trognon, les laver

égoutter, couper en fines lamelles nettoyer, laver, couper en lamelles

150 g de céleri en branches garnir les carapaces de crabes avec les deux ingrédients de la salade répartir la chair sur les ingrédients

pour la sauce salade

faire cuire environ 7-8 minutes

1 œuf écaler, laisser refroidir, battre, mettre dans une jatte avec

1-2 c. à s. de vinaigre
1 c. à t. de moutarde
1 c. à t. de sel incorporer, assaisonner avec
poivre fraîchement moulu ajouter
3-4 c. à s. d'huile
1 c. à s. de civette finement hachée répartir la sauce sur les parts, garnir avec des

branches de fenouil

Salade de dinde au kiwi
(1 personne)

couper en lamelles

env. 100 g de blancs de dinde peler, couper en rondelles

Salade de crabe dans sa carapace

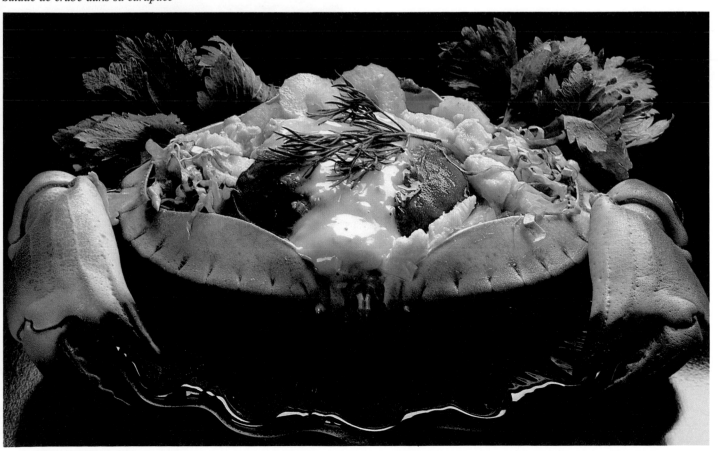

1 kiwi	laisser égoutter, couper en deux
100 g de tranches d'ananas (en boîte)	hacher grossièrement
2 c. à t. de poivre vert	

pour la sauce salade
mélanger

1 c. à s. de mayonnaise	avec
4 c. à s. de yaourt	
1-2 c. à s. de moutarde	assaisonner avec du
sel	ôter les feuilles fanées de
1-2 endives	détacher les feuilles des côtes laver, égoutter, mettre dans un plat dresser les ingrédients de la salade par-dessus, répartir la sauce par-dessus.

Galantine de canard

laver, sécher, couper les ailes, désosser

1 canard de Barbarie prêt à cuire	couper les pattes mettre les os de canard avec les ailes dans
2 l d'eau salée	porter à ébullition, faire cuire environ 2 heures nettoyer, laver
1 bouquet de légumes à potage	laver, couper en deux
1 orange (non traitée)	mettre ces deux ingrédients dans le bouillon, faire cuire 20 minutes avec lui passer le bouillon au tamis, réserver poser le canard sans pattes, la peau vers le bas sur un torchon, répartir par-dessus
env. 500 g de chair à saucisse fine crue	saupoudrer par-dessus
2 c. à s. de pistaches mondées	couper en dés, mettre dans la chair
100 g de langue lardée	enrouler le canard désossé, bien serrer dans le torchon, fermer les extrémités avec du fil de cuisine, ficeler la viande bien serrée avec du fil comme une paupiette, mettre dans le bouillon de canard, porter à ébullition, laisser macérer 2 1/4-2 1/2 heures dans le bouillon (durant tout ce temps, la galantine doit être recouverte de liquide, étendre d'eau éventuellement le bouillon évaporé), laisser refroidir la galantine cuite dans le bouillon, sortir du bouillon, ôter la ficelle et le torchon, couper en tranches pas trop fines, dresser avec des
feuilles de chicorée lavées	et des

Galantine de canard

Salade 'Belle de nuit'

Salade de sandre et de champignons

champignons en conserve salade de haricots verts	
	pour la sauce délayer
5-6 c. à s. de confiture de groseilles	avec
un peu de vin rouge	servir avec la galantine.

Salade de sandre et de champignons
(2 personnes)

	couper en deux, laver à l'eau froide courante, éponger
env. 300 g de filets de sandre	
jus de citron	asperger de
125 ml de vin blanc	laisser macérer 15 minutes, faire étuver 5-7 minutes dans épicer avec du
sel	
poivre	laisser refroidir et bien égoutter nettoyer, couper le bout des pieds, laver, égoutter
250 g de champignons	faire fondre
2 c. à s. de beurre	y faire étuver 3-4 minutes les champignons asperger de
1 c. à s. de jus de citron	épicer de sel, poivre dresser sur des
feuilles de laitue lavées	placer les filets de sandre par-dessus garnir avec des
lamelles de tomates	

cerfeuil civette	
	pour la sauce salade mélanger
1 c. à s. d'huile d'olive	avec
1 c. à s. de jus de citron	
1 c. à s. de sherry dry	
1/2 c. à t. de moutarde	incorporer
2 c. à s. de crème épaisse	
2 c. à s. de civette finement hachée	assaisonner avec du sel, poivre recouvrir les ingrédients avec un peu de sauce, servir le reste à part.

Salade "belle de nuit"

	dresser
20 langoustines cuites, décortiquées	avec
1-2 rondelles de truffe noire (en boîte)	
	pour la sauce salade mélanger
4 c. à s. d'huile	avec
env. 2 c. à s. de vinaigre de vin	
1 c. à t. de moutarde	assaisonner avec du
poivre	
sel	verser sur les langoustines garnir à son gré la salade avec
1 rose en tomate persil	

Assiette de fruits à la purée au mousseux et à la cannelle

Assiette de fruits à la purée au mousseux et à la cannelle

	peler, couper en deux, dénoyauter
1 mangue mûre	
1 papaye mûre	mixer avec
2 c. à s. de miel	
3-4 c. à s. de liqueur d'oranges	mettre au froid répartir sur 4 assiettes
env. 750 g de fruits préparés (mirabelles, framboises, myrtilles, cerises, fraises, mûres, groseilles)	saupoudrer de
un peu de sucre	couper en tranches de 2 cm d'épaisseur

pain de mie aux raisins	du découper 8 rondelles (diamètre environ 5 cm), disposer sur un plat battre
125 ml de lait	avec
1 œuf	
25 g de sucre	
1 paquet de sucre vanillé	en recouvrir les disques de pain de mie aux raisins, laisser ramollir (mais pas trop), rouler dans
env. 3 c. à s. de chapelure	faire fondre dans une poêle de la
margarine	y faire dorer les rondelles de pain de mie, saupoudrer de
sucre à la cannelle	disposer sur les fruits, mélanger la purée de fruits avec ce qu'il faut de
mousseux brut	pour qu'elle se liquéfie, répartir sur les fruits.

Tranches de rosbif à la sauce au genièvre et vin rouge

Tranches de rosbif à la sauce au genièvre et vin rouge

	laver, sécher, dépecer éventuellement
env. 750 g de rosbif	épicer avec du
sel	
poivre	faire fondre dans une sauteuse
env. 2 c. à s. de	
beurre	y faire dorer la viande de tous côtés, mettre la sauteuse sur la grille dans le four préchauffé, dès que le jus de viande brunit, ajouter un peu d'
eau chaude	remplacer peu à peu le liquide évaporé
four électrique:	225-250
four à gaz:	4-5
temps de cuisson:	45-60 minutes

	mettre la viande cuite sur un plat, recouvrir d'alu, tenir au chaud.
	pour la sauce au genièvre et vin rouge peler, couper en petits dés
4-5 échalotes	mettre dans le jus du rôti avec
6-8 baies de genévrier	faire étuver environ 1 minute verser
375 ml de vin rouge	porter à ébullition, faire réduire le liquide à 150 ml passer la sauce au tamis, remettre les baies de genévrier, porter encore une fois à ébullition, ôter du feu, incorporer
env. 100 g de beurre	
mou	faire chauffer la sauce (ne pas faire bouillir), assaisonner avec du poivre, sel, couper la viande en tranches fines, servir avec la sauce
accompagnement:	chanterelles étuvées.

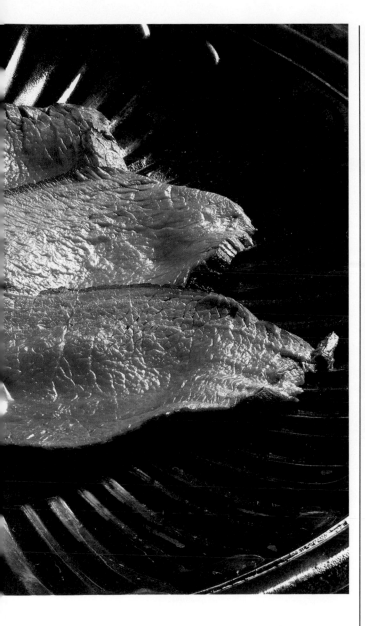

Crème de fraises à la sauce aux fraises

en tournant jusqu'à ce qu'elle soit fondue
au bain-marie, battre la pulpe des fraises avec

4 jaunes d'œufs	
4 cl de liqueur d'œufs	jusqu'à obtenir une crème épaisse incorporer la solution de gélatine tiède dès que la crème commence à épaissir, battre en neige
4 blancs d'œufs	incorporer délicatement, verser la crème aux fraises dans une coupe, mettre au frais

pour la sauce aux fraises
laver, bien égoutter, équeuter

250 g de fraises	passer au tamis, mélanger avec
4 cl de liqueur de fraises	avec un portionneur à glace faire des boules de crème aux fraises mettre sur un plat, garnir avec
feuilles de menthe fraîche	
moitiés de fraises	servir la sauce à part.

Crème de fraises à la sauce aux fraises

pour la crème de fraises
laver, bien égoutter, équeuter

250 g de fraises	saupoudrer de
40 g de sucre	passer au tamis ou mixer, mélanger
2 paquets (18 g) de gélatine en poudre	avec
6 c. à s. d'eau froide	faire gonfler 10 minutes, faire chauffer

**PLATS GARNIS,
BUFFETS FROIDS**

Un éventail de délices froids
(Recettes p. 214-215)

Assiette de côtelettes fumées

Assiette de côtelettes fumées
(environ 8 personnes)

	laver, sécher
1,5 kg de côtelettes de porc fumées (sans os)	placer sur une feuille d'alu assez grande, fermer la feuille, mettre sur la grille au centre du four préchauffé
four électrique:	200
four à gaz:	environ 3 1/2
temps de cuisson:	environ 50 minutes sortir la viande cuite du four, laisser reposer un moment, puis ouvrir la papillote, laisser refroidir la viande, couper en tranches grosses comme le doigt, répartir sur un plat garnir avec des
rondelles de citron feuilles de laurier	
accompagnement:	pain en couronne, salades.

Tranches de filet de bœuf fruitées et épicées (environ 20 parts)

	laver, sécher, éventuellement dépecer
2 × 1 kg de filet de bœuf (coupé toujours au centre)	
4-5 c. à s. d'huile	faire chauffer dans une grande poêle y faire dorer les filets 5 minutes de chaque côté, épicer avec du
sel	
poivre	mettre dans un plat à feu, verser par-dessus le jus de cuisson, mettre sur la grille du four préchauffé durant la cuisson, retourner de temps en

	temps le rôti, arroser de jus de cuisson
four électrique:	225-250
four à gaz:	6-7
temps de cuisson:	environ 30 minutes sortir les filets cuits, laisser refroidir couper chaque filet en 14-16 tranches, les garnir comme suit

1ère suggestion
faire égoutter

12 oreillons d'abricots (en boîte)	remplir chaque oreillon avec une des
12 cerises à cocktail	ranger 2 oreillons sur 3 tranches de filet, garnir avec de la
citronnelle	

2ème suggestion
mixer

200 g de petits pois cuits	passer au tamis mélanger dans une petite casserole
1 c. à t. de gélatine en poudre	avec
1 c. à s. d'eau	laisser gonfler 10 minutes, chauffer en remuant jusqu'à ce qu'elle soit fondue, mélanger à la purée de pois battre
150 g de crème épaisse	incorporer assaisonner la crème aux pois avec
sel	
poivre	
noix de muscade râpée	
sauce champignon-soja (dans un magasin de diététique)	mettre la crème dans une douille à bout denté, dessiner un anneau sur le bord de 6 filets laver, ôter les pédoncules, couper en deux, épépiner
1-2 tomates	couper en petits dés, égoutter sur du papier absorbant remplir les anneaux de crème de dés garnir avec des
feuilles de persil	

3ème suggestion
peler, dénoyauter, couper en 12 quartiers

1/2 mangue mûre	décorer 6 filets de 2 quartiers en croix, garnir avec un des
6 cerneaux de noix	

4ème suggestion
mettre au froid, couper en 6 tranches

env. 80 g de pâté de foie d'oie (en boîte)	en garnir 6 filets laisser égoutter
12 quartiers de mandarines	

Tranches de filet de bœuf fruitées et épicées

(en boîte)	dresser 2 quartiers de mandarine pour filet, garnir avec des	
pistaches		
	5ème suggestion	
	laver, éponger, éventuellement dépecer	
200 g de foies de volailles	faire chauffer	
1 c. à s. de beurre	y faire dorer les foies 3 minutes de chaque côté	
	épicer avec du	
sel		
poivre		
herbes d'Italie	laisser refroidir, mixer, mélanger avec	
75 g de beurre mou	assaisonner encore avec du sel, du poivre et du	
madère ou eau-de-vie	mettre la préparation dans une douille à bout denté, dessiner des rosettes sur 8	

	filets
	écaler, couper en rondelles
1 œuf cuit dur	poser 1 rondelle sur chaque rose
	couper en rondelles
2-3 olives fourrées au paprika	mettre 1 rondelle sur chaque œuf
	6ème suggestion
	laisser égoutter
3 c. à s. de quartiers de mandarines (en boîte)	répartir sur 3 filets, garnir avec des
pistaches hachées	
	pour la gelée
	dans une petite casserole, mélanger
1 paquet (8 g) de gélatine en poudre	avec
4 c. à s. d'eau froide	faire gonfler 10 minutes, faire chauffer

	en remuant, jusqu'à ce qu'elle fonde porter à ébullition
400 ml de clair de tortue (en boîte)	ôter du feu, passer au tamis incorporer
1-2 c. à s. de madère	ajouter la gélatine, mélanger jusqu'à ce qu'elle soit fondue, mettre au froid dès que le liquide commence à épaissir, en badigeonner les tranches de filet verser le reste de liquide d'aspic sur une assiette, mettre au froid pour faire prendre couper la gelée en petits cubes, dresser sur un grand plat avec les filets en gelée
accompagnement:	baguette, beurre.

Carré d'agneau en croûte

	pour la pâte feuilletée au fromage blanc tamiser sur le plan de travail
250 g de farine	faire un puits au centre, y verser
250 g de fromage blanc maigre	
sel	travailler en une préparation épaisse avec une partie de la farine couper en morceaux
250 g de beurre froid	mettre sur la pâte, recouvrir de farine, à

	partir du centre travailler rapidement en une pâte lisse, la mettre au froid 2-3 heures ou une nuit désosser chacun des
2 carrés d'agneau (1,250 kg chacun)	dégraisser la viande laver, sécher la viande, ficeler chaque carré épicer avec du
sel	
poivre	
herbes de Provence	peler, presser
3-4 gousses d'ail	en badigeonner la viande faire chauffer
3 c. à s. d'huile	y faire revenir la viande de tous côtes 5-6 minutes, laisser refroidir, ôter la ficelle ôter les côtes de
1 kg de bettes	laver soigneusement les feuilles mettre dans de l'
eau bouillante salée	faire cuire 5 minutes, égoutter, arroser d'eau froide, égoutter laver les côtes de bettes, couper en tronçons de 0,5 cm de largeur, mettre dans l'eau bouillante salée, porter à ébullition, faire cuire 5 minutes, égoutter
	pour la sauce peler, écraser
1-2 gousses d'ail	mélanger avec
2 c. à s. d'huile	

Carré d'agneau en croûte

Mousse de saumon

d'olive	
2 c. à s. de vinaigre de vin blanc	
1 c. à t. de moutarde	assaisonner avec du sel, poivre mélanger aux côtes de bettes, bien faire macérer étaler la moitié de la pâte en un carré de 35 × 35 cm, sur les côtes ôter une bande de 2-3 cm (réserver pour décorer), mettre au centre de la pâte 1/4 de
250 g de tranches de lard (finement coupées)	poser par-dessus environ 4 feuilles de bettes, puis poser par-dessus 2 des 4 morceaux de viande, recouvrir avec 4 feuilles de bettes, recouvrir avec 1/4 des tranches de lard, badigeonner le bord de la pâte avec un peu de
1 blanc d'œuf battu	rabattre la pâte sur la viande, poser sur une plaque aspergée d'eau froide le côté lisse en haut, faire 2 trous à la surface pétrir le reste de pâte, étaler, découper des formes à son gré, badigeonner de blanc d'œuf, coller à la surface de la pâte préparer la seconde moitié de pâte avec le reste des ingrédients de la même manière battre
1 jaune d'œuf	avec
1 c. à s. de lait	en badigeonner les pâtés, mettre la plaque au four préchauffé
four électrique:	200-225
four à gaz:	environ 3 1/2
temps de cuisson:	environ 40 minutes laisser refroidir les carrés d'agneau cuits, disposer en entier sur un plat garnir avec des
bettes	couper en lamelles le reste des bettes, ajouter aux côtes de bettes marinées laver, sécher, couper en deux
4 tomates moyennes (environ 800 g)	vider, saupoudrer l'intérieur de poivre, assaisonner la salade de bettes avec du sel, poivre
vin blanc	en mettre une partie dans les tomates évidées, disposer sur le plat de viande mettre le reste de la salade dans un plat de verre, servir à part.

Boulettes de viande fourrées au roquefort

	faire ramollir à l'eau froide
1 petit pain (gruau)	bien essorer mettre dans une jatte avec
500 g de steack haché	peler, couper en dés
1 oignon	et
1 gousse d'ail	faire chauffer

1 c. à s. d'huile	y faire glacer l'oignon et l'ail, ajouter au hachis incorporer
2 œufs	
2 c. à s. de persil haché	
2 c. à s. de ketchup	pétrir tous les ingrédients assaisonner la préparation avec
sel	
poivre	couper en petits morceaux
75-100 g de roquefort	former 22-24 boulettes de viande de la taille d'une noix, faire un trou dans chaque boulette, y placer un morceau de roquefort, reformer en boule, rouler les boulettes dans
3 c. à s. de chapelure	faire cuire 5 minutes par groupes de 2 ou 3 dans un bain de
friture	bouillante, laisser égoutter sur du papier absorbant, servir chaud ou froid.

Mousse de saumon

	laver à l'eau froide courante
500 g de saumon et une tête de saumon	sécher porter à ébullition
1 l d'eau salée	avec
2 feuilles de laurier grains de coriandre sauge hachée	
5 c. à s. de vinaigre d'estragon	
4 rondelles de citron (non traité)	y placer la tête du saumon, porter à ébullition, faire cuire env. 30 minutes, sortir du bouillon, mettre le saumon dans le bouillon, laisser frissonner env. 10 minutes (ne pas faire bouillir, sinon

le saumon devient sec)
laisser refroidir le saumon dans le
bouillon, sortir, ôter peau et arêtes,
mixer
mélanger dans une petite casserole

2 c. à t. faiblement bombées de gélatine en poudre	avec
3 c. à s. d'eau froide	faire gonfler 10 minutes, faire chauffer en tournant jusqu'à ce qu'elle soit fondue incorporer
1 c. à s. de jus de citron	mélanger à la préparation au saumon battre fermement
125 ml de crème fraîche	ajouter
2 c. à s. de feuilles de fenouil hachées	épicer avec du
sel, poivre	verser la préparation dans 4 petits moules rincés à l'eau froide, faire prendre au réfrigérateur, renverser la mousse de saumon sur un plat, garnir avec des
roses de tomates branches de fenouil tranches de saumon cuit	dresser à son gré avec des

Rôti à la moutarde
(en papillote)

	laver, sécher, avec un long couteau faire une incision dans le sens de la longueur dans
env. 1 kg de côtelettes de porc dans le filet (sans os)	frotter de
sel	
poivre	
	pour la farce mélanger
2 c. à s. de moutarde extra-forte	avec
2 c. à s. de moutarde aux aromates	peler, couper en dés
2 oignons	peler, écraser
1 petite gousse d'ail	ajouter au mélange de moutarde avec
3 bouquets d'herbes panachées hachées	mettre la farce dans l'incision de la viande, badigeonner la viande avec le reste de préparation, ficeler la viande, poser sur une feuille d'alu assez grande, fermer la papillote, mettre sur la grille du four préchauffé
four électrique:	200
four à gaz:	3 1/2
temps de cuisson:	environ 1 heure sortir la viande cuite du four, laisser

reposer un moment, puis ouvrir la
papillote, laisser refroidir la viande,
couper en tranches (ôter la ficelle),
disposer sur un plat, garnir avec du

cerfeuil	
roses de tomates	
épis de maïs	
petits oignons blancs	
accompagnement:	pain bis.

Médaillons de veau garnis
(Illustr. p. 208-209)

250 g de filet de veau	laver, éponger, ôter les nerfs de couper la viande en 4 tranches régulières, presser légèrement, épicer avec du
sel	
poivre	faire fondre
1 c. à s. de beurre ou de margarine	y faire dorer la viande 5-6 minutes des deux côtés, sortir, poser sur une assiette, asperger de
1 c. à s. d'eau-de-vie	laisser refroidir mélanger en une préparation crémeuse
80 g de pâté de foie de veau (en boîte)	avec
1 c. à s. de crème épaisse	mettre dans une douille à bout étoilé, en décorer les médaillons garnir avec des
dés de gelée cerises cocktails coupées en quatre quartiers de mandarines (en boîte) feuilles de thym	
accompagnement:	salades, toasts, beurre.

Œufs garnis
(Illustr. p. 208-209)

	écaler, couper en deux dans le sens de la longueur
4 œufs cuits durs	sortir le jaune, le passer au tamis fin mélanger avec
100 g de fromage double crème	
1 c. à s. de crème épaisse	assaisonner avec du
sel	
poivre	
paprika doux	
curry en poudre	remplir à la douille les œufs évidés avec le mélange garnir avec des
crevettes	

Médaillons de veau garnis, œufs garnis, fonds d'artichauts garnis

rondelles de citron coupées en quatre	
feuilles de fenouil	

Fonds d'artichauts garnis
(Illustr. p. 208-209)

	laisser égoutter
8-10 fonds d'artichauts (en boîte)	mélanger en une préparation crémeuse
env. 150 g de pâté de foies de volailles (en boîte)	avec
2 c. à s. de crème épaisse	
1 c. à s. d'eau-de-vie	mettre dans une douille à bout étoilé, en remplir les fonds d'artichauts garnir avec des
rondelles de kiwis coupées en quatre	
feuilles d'estragon hachées	
accompagnement:	baguette, beurre.

Escalopes de veau à la romaine

	dépecer
8 escalopes de veau	faire chauffer
3 c. à s. d'huile d'olive	y faire dorer les escalopes des deux côtés durant 2 minutes environ

	saupoudrer de
sel poivre	faire dorer des 2 côtés dans le jus de cuisson
8 tranches de jambon de Parme (à la taille des escalopes)	ajouter
16 feuilles de sauge fraîche	faire chauffer en même temps disposer une feuille de sauge sur chaque escalope, poser une tranche de jambon par-dessus rabattre l'escalope à moitié par-dessus, fixer par-dessus une feuille de sauge avec un bâtonnet, étendre le jus de cuisson avec
125 ml de vin blanc	verser sur les escalopes, servir chaud ou froid
accompagnement:	baguette, tomates en salade.

Plateau de fromages

	dresser sur un plat ou une planche un morceau de chaque sorte
emmenthal fromage de chèvre bleu camembert parmesan roquefort gouda	garnir avec des
grappes de raisins lavés blancs ou muscat	dresser à son gré les sortes de fromage sur des feuilles de vigne avec des grappes.

215

Buffet classique
(pour 20 personnes)

* Les recettes marquées d'une astérisque peuvent être préparées la veille ou plusieurs jours à l'avance, si bien que le jour où on les consommera, il suffira de les dresser sur les plats et de les assaisonner encore une fois.

Buffet classique

Buffet Party

mousse de gorgonzola

	mélanger dans une petite casserole
1 paquet (9 g) de gélatine en poudre	avec
3 c. à s. d'eau froide	faire gonfler 10 minutes passer au tamis
250 g de gorgonzola	mélanger avec
250 g de crème fraîche	
2 c. à s. de sherry sec	épicer avec du
poivre	
tabasco	mettre la préparation dans une petite casserole au bain-marie, faire chauffer, incorporer la gélatine, tourner jusqu'à ce qu'elle soit fondue, laisser refroidir la préparation battre fermement
125 ml de crème fraîche	incorporer à la préparation, mettre dans un moule, faire prendre au congélateur, plonger le moule dans de l'eau chaude, renverser la mousse sur un plat, garnir avec des
rondelles de citron vert	

Salade de riz complet et d'écrevisses

	mettre
env. 225 g de riz complet	dans
env. 750 ml d'eau salée bouillante	porter à ébullition, laisser gonfler durant 40 minutes environ, asperger d'eau froide, égoutter et laisser refroidir faire chauffer
2 c. à s. d'huile	y faire griller le riz en le remuant fréquemment, laisser refroidir sortir de la carapace
10 écrevisses	les châtrer
	pour la sauce salade mélanger
4 c. à s. d'huile	avec
2-3 c. à s. de vinaigre d'estragon	assaisonner avec du
sel	
poivre	mélanger au riz, incorporer les écrevisses, bien faire macérer la salade, assaisonner encore une fois éventuellement avec du sel, poivre, saupoudrer de
civette finement hachée	

Agneau au curry

	laver
env. 1,5 kg d'agneau avec os (épaule)	mettre dans de l'
eau bouillante salée	porter à ébullition, écumer, laisser cuire environ 2 heures, sortir du bouillon désosser la viande, découper en petits dés
	passer le bouillon
	peler
375 g d'oignons	et couper en dés
	faire fondre
1-2 c. à s. de margarine	y faire revenir les dés d'oignons, ajouter les dés de viande
	assaisonner avec
sel	
poivre	
poudre d'ail	
1-2 c. à s. de poudre curry	bien laisser brûnir la viande
	ajouter
250 ml de bouillon d'agneau	laisser étuver, ajouter peu à peu la quantité de liquide évaporée
	saupoudrer la viande de
2 c. à s. de farine	laisser étuver en remuant
	ajouter
125 ml de bouillon d'agneau	bien remuer
	ajouter
250 g de crème fraîche	remuer
	laisser égoutter
env. 400 g d'ananas (en boîte)	ajouter à la viande, laisser cuire
	faire fondre
1 c. à t. de beurre	y faire revenir
100 g d'amandes mondées et effilées	laisser brûnir, répartir sur la viande
temps d'étuvée:	environ 45 minutes.

Côtes de porc fumées aux pommes en croûte

	pour la farce
	peler, couper en quatre, épépiner
750 g de pommes par ex. cox orange	couper en tranches
	porter à ébullition
125 ml d'eau	avec
250 ml de vin blanc	
50 g de sucre	y mettre les tranches de pommes, porter à ébullition, faire cuire quelques minutes, laisser égoutter, recueillir le jus, laisser refroidir les pommes
	laver, sécher, mettre sur la grille, d'un plat à rôtir
2 kg de côtelettes de porc	

fumées très maigres	
sans os	faire chauffer
2 c. à s. d'huile	en badigeonner la viande, mettre au four préchauffé, faire brunir en 25 minutes environ, ajouter éventuellement un peu de
liquide aux pommes	sortir les côtes, laisser refroidir
	pour la pâte faire dégeler selon le mode d'emploi
600 g de pâte feuilletée	poser les plaques les unes à côté des autres, étaler en une plaque trois fois plus grande que la viande (réserver un peu de pâte pour décorer) poser la viande par-dessus, ranger les tranches de pommes en couches sur la viande, rabattre la pâte sur la viande, badigeonner les jointures avec un peu de
blanc d'œuf battu	bien presser les bords poser le rouleau de pâte sur une plaque rincée à l'eau froide, côté lisse vers le haut, découper des lamelles dans le reste de pâte, badigeonner avec le reste de blanc d'œuf, en garnir la surface de la pâte piquer plusieurs fois la surface avec un bâtonnet battre
1 jaune d'œuf	avec
un peu de lait	en badigeonner la surface, mettre la plaque au four préchauffé
four électrique:	200-225
four à gaz:	4-5
temps de rôtissage:	env. 25 minutes
temps de cuisson:	env. 40 minutes.

Pâté de canard

	pour la pâte tamiser
500 g de farine	sur un plan de travail, faire un creux au centre, y mettre
3 jaunes d'œufs	
125 ml d'eau froide	pétrir avec une partie de la farine en une pâte épaisse, couper en morceaux
200 g de beurre froid	ajouter à la farine et à partir du centre pétrir en une pâte lisse, emballer dans une feuille d'alu et mettre au réfrigérateur
	pour la farce couper en dés
250 g de lard	faire fondre
1-2 c. à s. de beurre	y faire revenir, le lard, laisser cuire nettoyer, gratter, laver, couper en morceaux
1 carotte	peler
1 oignon	le couper en lamelles laisser frire oignon et carotte dans la graisse du lard

	couper en deux
1 canard	laver, essuyer, éventuellement ôter la graisse, faire brûnir dans la graisse du lard et des légumes, assaisonner de
sel	
poivre	ajouter
2 feuilles de laurier	
125 ml de bouillon de viande	laisser étuver ajouter peu à peu
125 ml de vin blanc	laisser étuver le canard, pendant environ 1 heure dans une casserole fermée ôter le couvercle, laisser étuver la viande jusqu'à ce que le liquide soit évaporé sortir les moitiés de canard, laisser refroidir passer le lard et les légumes avec le reste du jus au moulin à viande laver, sécher
350 g de veau	passer au moulin à viande, ajouter à la masse lard-légumes assaisonner de
sel	
poivre de cayenne	
zeste de citron séché	
pernod	ôter la peau du canard, désosser et couper en petits morceaux laisser égoutter
25 g de truffes (en boîte)	les découper rouler la pâte très finement, en couvrir l'intérieur de la forme à cake (± 38 cm de long), garder un peu de pâte pour le dessus disposer en couche la masse lard-légumes, les morceaux de canards et de truffes avec une partie du reste de la pâte, rouler un couvercle de la grandeur de la forme, y faire quelques trous, poser sur la pâté, bien appuyer sur les bords avec le reste de la pâte, former de longs et fins rouleaux et les tasser poser sur les bords du pâté battre
1/2 jaune d'œuf	avec un peu de
lait	badigeonner le dessus et mettre sur la grille du four préchauffé
four électrique:	env. 200
four à gaz:	3-4
temps de cuisson:	1 1/4-1 1/2 heure laisser refroidir le pâté dans la forme.

Salade de haricots aux pignons

	laver, couper
1 kg de jeunes haricots	mettre dans de l'
eau bouillante salée	porter à ébullition, laisser cuire environ

	20 minutes, égoutter, laisser refroidir faire chauffer
1 c. à s. d'huile	y faire brûnir
100 g de pignons	laisser refroidir mélanger
6 c. à s. d'huile	avec
3 c. à s. de vinaigre d'herbes	assaisonner avec
origan poudre d'ail	
poivre	ajouter aux haricots, assaisonner à nouveau d'origan et d'ail y mélanger les pignons.

Parfait mokka

	battre
6 jaunes d'œufs	avec
175 g de sucre	dissoudre
2 c. à s. de café soluble	dans
1 l d'eau chaude	mélanger à la masse aux œufs battre
500 ml de crème fraîche	avec
2 paquets de sucre vanillé	(mettre 4 c. à s. dans une douille pour garnir) mélanger à la masse aux œufs mettre le tout dans un plat, mettre au congélateur 3-4 heures garnir le parfait mokka de la crème fraîche réservée avant de servir.

Petit déjeuner complet
(pour 6-8 personnes)

	enrouler
8 filets de hareng	enfiler dans des
anneaux d'oignon	nettoyer (ne pas couper tout le vert)
2 bottes de radis roses	les laver disposer les ingrédients sur une planche de bois avec
1 hareng saur	garnir les filets de hareng avec des
feuilles de fenouil	
	couper en dés
1 morceau de gruyère	
1 morceau de roquefort	mettre dans une assiette avec des
quartiers de tomates	
	disposer dans des coupelles

100 g de caviar de saumon (en bocal)	garnir le bord avec
1 c. à s. de dés d'oignon	garnir avec des
feuilles de fenouil hachées	
	disposer
300 g de tranches de saumon	sur des
feuilles de laitue lavées	garnir avec des
rondelles de citron	
	mettre dans une coupelle de la
sauce à la crème et à la moutarde	

Salade Dolorès

	peler, couper en rondelles ou en lamelles
375 g de pommes de terre	décortiquer
200 g de crevettes fraîches	écaler, couper en dés
1-2 œufs cuits durs	mettre dans un saladier
	pour la sauce-salade mélanger
150 g de crème épaisse	avec
2 c. à s. de ketchup	
1 c. à s. de porto	
1 c. à t. d'essence de vinaigre (25 %)	assaisonner avec du
sel	
poivre	verser sur les ingrédients de la salade saupoudrer la salade de
feuilles de fenouil hachées	
	dresser sur une assiette
env. 250 g de différentes sortes de salami	avec
1 morceau de foie à tartiner	
	mettre dans une coupe de la
sauce crème-moutarde	saupoudrer de
civette finement hachée	

CONSEILS
CULINAIRES

Les trucs de la cuisine froide

Le bon outil fait le bon cuisinier

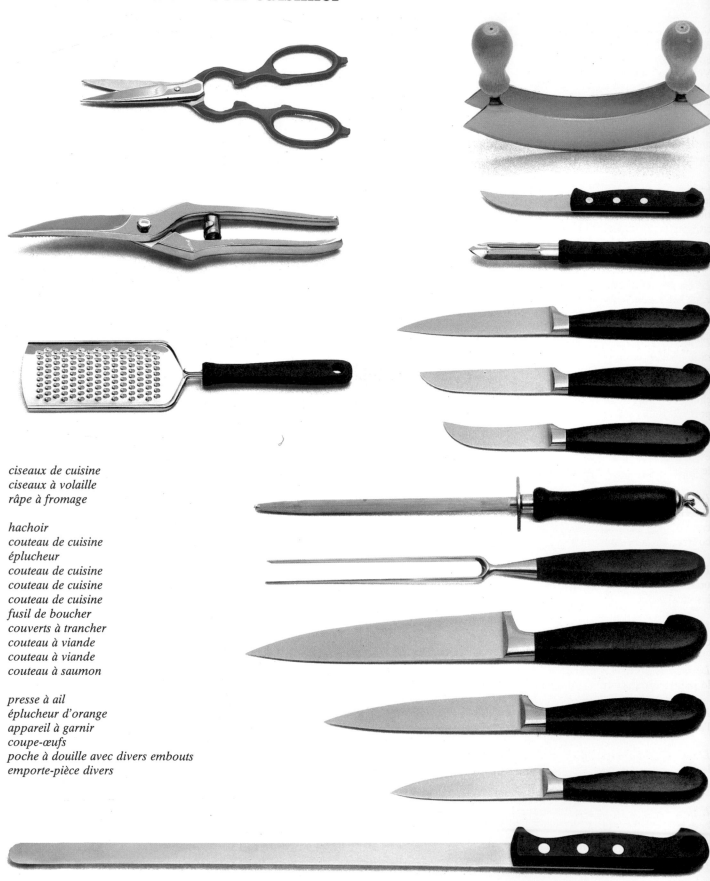

ciseaux de cuisine
ciseaux à volaille
râpe à fromage

hachoir
couteau de cuisine
éplucheur
couteau de cuisine
couteau de cuisine
couteau de cuisine
fusil de boucher
couverts à trancher
couteau à viande
couteau à viande
couteau à saumon

presse à ail
éplucheur d'orange
appareil à garnir
coupe-œufs
poche à douille avec divers embouts
emporte-pièce divers

Vous êtes privilégié, si vous disposez de fouets et d'un appareil culinaire avec tous ses accessoires – du batteur au trancheur et au hachoir à viande. Si vous avez un grille-pain, c'est formidable. Vous allez pouvoir faire une foule de choses en cuisine froide. Mais qu'est-ce que tout cela vaudrait si vous n'aviez pas de couteaux de cuisine affûtés comme il se doit? Car c'est uniquement avec eux que l'on peut travailler aussi bien que possible. Et avec quelques autres bons outils aussi. Le bon outil fait le bon cuisinier.Regardons un peu ce qu'il doit y avoir dans une cuisine bien équipée:

Les ciseaux de cuisine ont de multiples usages. Vous pouvez ouvrir les paquets et hacher fin les fines herbes. Avec l'incurvation derrière la lame, vous pouvez ouvrir les couvercles de bocaux récalcitrants et les capsules normales. Bien évidemment, aucune nageoire de poisson ne pourra résister à ces ciseaux-là. Les feuilles de radis non plus, par ex.

La cisaille à volaille avec ses lames aiguisées et sa robustesse va vous aider à découper en portions la volaille cuite ou crue. Elle est si solide que les os ne lui résistent pas non plus.

La râpe à fromage vous servira quand vous n'aurez pas de grosse râpe ou d'appareil électrique. Idéale pour les petites portions.

Le hachoir avec ses deux lames courbes et ses deux poignées hache finement les herbes et fractionne les légumes, la viande ou le poisson, qu'ils soient cuits ou crus.

Le couteau de cuisine pour peler, nettoyer les fruits et les légumes et pour fractionner, existe sous diverses formes. Parmi lesquelles le couteau à hacher, aux lames ramassées et pointues.

Le fusil de boucher est indispensable aux maîtresses de maison. Bien que dans beaucoup de foyers il y ait déjà des affûteurs mécaniques ou électriques. Avec lui, vous pouvez aussi affûter les couteaux à lames ondulées.

Les couverts à trancher: une fourchette avec deux longues dents et un long couteau affûté sont indispensables pour couper les rôtis et les volailles.

Les couteaux à viande, courts ou longs vous seront utiles pour couper régulièrement la viande cuite ou crue.

Le couteau à saumon est indispensable pour couper le saumon ou le jambon en fines tranches appétissantes.

La presse à ail est une invention folle. Bien sûr, il faut avoir pelé l'ail, mais la presse le fractionne.

L'éplucheur d'orange aide à peler des agrumes juteux, comme on le fait dans la cuisine classique, c'est-à-dire en ôtant la peau blanche.

L'appareil à garnir vous aide à faire des boules et des spirales de beurre froid. Et vous pouvez aussi faire des rondelles de beurre striées.

Le coupe-œufs existe pour les œufs durs que vous devez couper en six (comme ici); mais il y en a aussi pour couper les œufs en tranches régulières.

La poche à douille avec ses différents embouts sert à décorer et à fourrer avec des crèmes à base de fromage frais, de crème fraîche, de mayonnaise et de beurre. Indispensable.

Les emporte-pièce vous aident à réaliser de ravissants modèles en carottes, choux-raves, concombres, céleris, pommes et betteraves. Peu importe si les fruits ou légumes sont cuits ou crus. Ils existent en d'innombrables formes d'un diamètre de 1 à 5 cm.

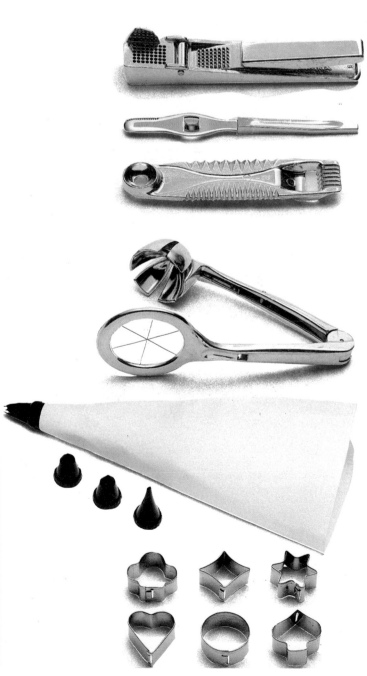

Vider correctement les poissons et lever les filets

Bien entendu, vous pouvez attendre de votre poissonnier qu'il vous vende des poissons vidés en tranches et aussi des filets. Ou bien qu'il vous lève les filets de sole ou de limande, ce qui n'est pas si facile. Mais le poisson n'arrive pas toujours sur votre plan de travail prêt à cuire. Par exemple, lorsqu'un pêcheur vous apporte sa pêche à la maison, ou lorsque vous achetez des harengs. Avant de préparer ces poissons, il faut les vider et – si la recette l'exige – lever les filets. Dans cette bande filmée nous allons vous montrer comment on vide, on nettoie et on lève les filets des poissons. Vous savez bien que tout poisson frais, qu'il soit entier ou en tranches, doit être préparé pour le court-bouillon ou la poêle. Pour mémoire encore une fois: laver rapidement le poisson à l'eau froide courante (ne pas l'y laisser). Eponger au papier absorbant. Asperger le poisson avec du jus de citron ou du vinaigre, cela raffermit la chair. On ne sale le poisson que juste avant de le mettre dans son plat ou dans la poêle. Car le sel fait sortir l'eau du poisson ce qui le rend plus sec et moins savoureux.

Lever les filets d'une sole
Inciser horizontalement la peau à l'extrémité de la queue, soulever légèrement. Couvrir de papier absorbant, tenir fermement, tirer la peau jusqu'à la tête.

Dépecer le dos de la sole de la même manière. Avec un couteau aiguisé, inciser proprement la chair jusqu'aux arêtes le long de l'épine dorsale.

A la tête, détacher la chair des arêtes. Couper le filet horizontalement.

Détacher précautionneusement les 4 filets du ventre et du dos.

Vider un hareng
Inciser le poisson avec un couteau aiguisé de la tête à la queue. Couper les nageoires avec des ciseaux.

Couper la tête. Oter l'intérieur. Garder les laitances pour des sauces par exemple.

Détacher la peau noire interne. Nettoyer le poisson à l'eau froide courante.

Inciser le poisson dans le dos le long de l'épine dorsale.

Lever les filets avec un couteau aiguisé le long des arêtes de la tête à la queue. Oter les dernières arêtes des filets.

Dépecer les filets. Avant de lever les filets, inciser la peau au bout de la queue, soulever légèrement. Tirer de la queue à la tête.

Décortiquer un homard

Le homard, cela ne fait aucun doute, est un élément roi dans la cuisine froide, qu'il soit chaud ou froid avec d'excellentes sauces, avec du pain, du beurre et du vin, qu'il soit préparé comme entrée ou sur canapés. Il a toujours une aura de préciosité qui semble enviable à certains et qu'il faut – hélas – aussi payer. Le homard est cher. Mais c'est aussi pour cela qu'il plaît au gourmet comme aucun autre habitant de la mer. Les poissonniers ont presque toujours des homards vivants. Des cuits aussi, bien sûr.

On trouve des homards allant jusqu'à 50 cm de long et jusqu'à 1,5 kg de poids. Les connaisseurs disent toujours que ceux de 500 g sont les meilleurs, avec la chair la plus tendre. Il y a aussi des homards surgelés, qui sont aussi moins chers.

Les homards vivants sont gris-brun à vert-noir. Comme la queue a une double épaisseur, le homard devient rouge cardinal à la cuisson. La couche supérieure, sombre, part à la cuisson. Pour cette raison on les appelle les cardinaux des mers.

Les homards ont par ailleurs des pinces si puissantes qu'ils peuvent casser un petit doigt quand on les prépare. Alors, s'il vous plaît, laissez le fil de fer ou l'élastique avec lequel on maintient les pinces jusqu'à la fin de la cuisson. On le précipite la tête la première dans l'eau bouillante et il doit y cuire durant 1/2 heure. Les homards surgelés n'ont besoin que de 20 minutes lorsqu'on ne les a pas fait décongeler.

Bien entendu, on peut servir le homard chaud, mais il faut alors le couper chaud. Le homard pour la cuisine froide est toujours tranché froid. Le mieux pour le faire est de suivre notre bande filmée. Il faut pour cela un puissant couteau tranchant, ou une cisaille spéciale à homards pour casser les pinces. Les pinces à homard et la pique sont ensuite utilisées pour manger le homard.

De la queue à la tête, inciser le homard avec un couteau tranchant, diviser en deux parts.

Châtrer l'animal en enlevant une sorte de fil sombre dans la chair de la queue, avec une pincette.

Détacher la chair de la carapace. Maintenir la carapace d'une main, détacher la chair de l'autre main.

Casser les pinces au centre, avec la cisaille à homard, ou un dos de couteau solide ou un petit marteau.

Poser le homard sur le dos, tirer l'une après l'autre les pattes de la carapace en tournant.

Tirer maintenant la pointe supérieure et dégager la chair.

Tourner les deux pinces à la main hors des articulations, tirer éventuellement, séparer les articulations au couteau. La pince inférieure est encore accrochée.

Avant de dresser sur un plat, tourner la pince inférieure, sortir la chair. Couper la queue en tranches, dresser.

Parer et découper la volaille

Si maintenant, comme nous, vous préparez un canard à braiser ou à rôtir, ou s'il va s'agir d'un poulet, d'un faisan, d'un pigeon, d'une dinde ou d'une oie, en principe tous les oiseaux se manipulent de la même façon. Comme vous le savez, les marchandises surgelées sont prêtes à cuire. Ce qu'il vous reste à faire: faire dégeler, laver, si vous le voulez aussi farcir, parer, et épicer. Mais avec la viande fraîche, il en va tout autrement. Si vous avez entre les mains un oiseau dans un habit de plumes – un faisan, pourquoi pas – vous devez le plumer. Mais doucement, pour ne pas endommager la peau. Puis vous brûlerez à la flamme vive le duvet (flamme de gaz ou d'alcool). Au cas où des tuyaux de plumes seraient restés fichés dans la peau, vous les retirerez à la pincette. Puis vous viderez l'animal, après avoir coupé la tête, un petit morceau du cou et le bas des pattes. Puis maintenant, il en va comme avec la volaille tout prête: laver l'intérieur et l'extérieur, éponger, épicer intérieurement puis parer. Sur notre bande filmée, nous vous montrons comment procéder. L'animal une fois paré sera épicé extérieurement, et les oiseaux maigres comme le faisan ou le perdreau enroulés dans des tranches de lard.

Parer un canard
Poser le canard sur le dos sur le plan de travail. Piquer ou coudre l'ouverture.

Piquer les ailes derrière le repli de peau du dos. Rabattre sur la poitrine la peau du cou. Lier les ailes et le morceau de peau.

Fixer la ficelle à l'ouverture fermée. Enrouler les cuisses, et lier pour qu'elles soient tout contre le corps.

Recouvrir à son gré le canard prêt à cuire avec du lard, afin qu'en cuisant, il reste juteux et ne brunisse pas trop.

Découper un canard
Poser le canard sur le dos. Maintenir avec la fourchette à découper, découper la cuisse avec le couteau à découper. Tourner un peu les os, détacher avec le couteau.

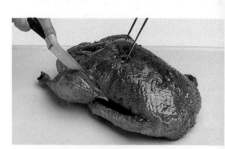

Procéder de la même manière avec les ailes, c'est-à-dire les séparer du tronc avec le couteau, s'aider éventuellement d'une cisaille à volaille.

Avec le couteau à trancher, couper des tranches dans les blancs. Tout d'abord du haut vers la carcasse, puis découper horizontalement sur la carcasse.

Ou
Avec le couteau à découper, détacher les blancs des deux côtés de la carcasse. Poser sur une planche pour les découper.

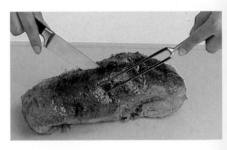

Avec un fort couteau, découper en tranches les blancs. Détacher le reste de la chair des os, couper en morceaux.

Plat dressé. Les petites volailles peuvent aussi être coupées en quatre. Servir les pigeons entiers.

Découper une longe de chevreuil et un lièvre (lapin)

Qu'il s'agisse d'une longe de chevreuil, de cerf ou de lièvre, (ou d'agneau) vous procéderez de la même manière pour découper. Et cela si soigneusement et régulièrement que vous reposerez les tranches contre la colonne vertébrale, comme si la longe n'était pas coupée. Que vous l'achetiez fraîche ou surgelée n'est plus aujourd'hui une question de goût car par le processus de surgélation, le gibier subit le processus de maturation, que l'on obtient avec la viande fraîche en l'accrochant. Mais si vous avez le choix, ne prenez pas une viande piquée au lard, mais bardez-la plutôt. C'est-à-dire, enveloppez-la de lard gras fumé. Cela la garde plus juteuse, épicée et économise des calories, car on ôte la barde avant de consommer. La longe avec ses filets est si tendre qu'il ne faut que 1/2 heure de cuisson. Contrairement au gigot qui demande 1 à 1 1/2 heure . Que faire? Soit vous n'achetez que des gigues ou que des longes (une moitié par personne), ou bien vous placez la longe à côté de la gigue à la moitié du temps de cuisson de celle-ci. Avec un lapin domestique, la cuisse et la longe seront cuites en même temps, car la viande est également tendre.

Découper une longe
Poser la longe sur le plan de travail, l'os vers le bas, maintenir. Inciser sur la ligne médiane jusqu'à l'os. Avec la pointe du couteau, détacher la chair horizontalement.

Couper les filets en grosses tranches obliques. Pour cela, maintenir la viande avec la fourchette à découper.

Pour dresser, replacer les tranches le long de l'os, recouvrir éventuellement d'aspic et garnir.

Découper un lièvre
Poser le lièvre (lapin) sur le dos, maintenir par une patte. Détacher la cuisse obliquement par rapport au corps, détacher l'autre cuisse.

Maintenir une patte antérieure. Avec le couteau, détacher le long de l'épaule. Procéder de la même façon avec l'autre patte. Pour cela, tourner légèrement l'os et couper les tendons.

Couper le lièvre (lapin) en deux dans le sens de la longueur. Commencer par détacher la viande dorsale de la colonne, si possible en un seul morceau. Puis détacher le reste de la viande de l'os.

Couper la viande du dos en morceaux. Couper en deux le reste de viande. Pour cela, maintenir les morceaux avec la fourchette à découper.

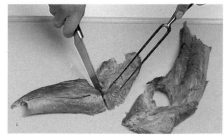

Dresser le lièvre (lapin) découpé sur un plat. Recouvrir de sauce à son gré.

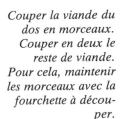

Par ailleurs: si vous ne préparez que des cuisses de lapin, qui se trouvent – comme le râble – surgelés, celles-ci doivent être marinées. Vous les placerez dans une marinade de petit-lait avec 2 feuilles de laurier, 3 baies de genévrier écrasées, 1/2 c. à t. de graines de moutarde, 1 c. à t. de marjolaine ou de thym effeuillé. Les cuisses doivent être recouvertes de marinade et y rester 24 heures. Puis vous les épongerez, les dorerez dans du lard, les arroserez de liquide et les ferez cuire durant environ 1 1/2 heure.

Herbes de cuisine

Toutes les herbes aromatiques, si saines et si savoureuses, sont les premières à apporter à la cuisine froide toute sa valeur. Voici un survol des herbes les plus employées:

Basilic: Cette plante poivrée se rencontre du début de l'été jusqu'à l'automne. On n'emploie que les feuilles. Convient particulièrement pour les préparations à base de nouilles, de fromage, de viande et de poisson.

Sarriette: Acheter fraîche à partir de juillet. On utilise les feuilles et la tige. Bonne dans tous les plats de haricots et dans les salades de légumes secs et de viande.

Bourrache: A un bon goût frais de concombre et est donc indispensable dans tous les plats de concombre. Elle se trouve sur le marché de mai à septembre. Les jolies fleurs de bourrache sont une décoration charmante.

Persil: Sans lui, la cuisine froide ne serait rien. Il peut en être à la fois un ingrédient épicé et une décoration. C'est en été qu'il a le plus de goût, le lisse encore plus que le frisé.

Pimprenelle: L'herbe, qui a un doux goût de noix, se rencontre rarement fraîche. Ses feuilles sont indispensables pour les sauces vertes, salades, fromage blanc aux herbes et beurre manié.

Romarin: Ses feuilles en aiguille à l'arôme épicé et piquant parfument aussi bien la viande et le poisson que les tomates et autres plats de légumes.

Feuilles de fenouil: Se trouvent souvent en hiver, au printemps, venues des serres, mais c'est surtout en plein air, en été qu'elles déploient leur arôme frais anisé. Pour les salades vertes, les préparations à la crème fraîche et les poissons, il est indispensable.

Estragon: Se conserve frais du printemps à l'automne. Son goût est intensément aromatique et un peu doux. Très bons pour les marinades de salades et les beurres maniés.

Cresson: Il s'agit plus précisément de cresson de jardin, que l'on trouve en caissettes toute l'année. Pour les salades, les plats froids, les potages froids, et comme salade en soi.

Sauge: Ne se conserve fraîche qu'en été, sinon, sèche. Est fortement épicée et est idéale pour les salades italiennes.

Oseille: Fraîche du printemps au début de l'été. Les tendres feuilles au parfum acide sont utilisées pour des soupes froides et partout où les herbes panachées ont leur place. Par exemple dans les sauces vertes.

Civette: Elle aussi a le meilleur parfum en été. Mais on en trouve presque toujours.

Livèche: Elle a un fort goût de bouillon instantané, et doit donc être employée modérément.

Laurier: Si vous avez un laurier, vous pouvez prélever les feuilles en permanence. Sinon, on trouve des feuilles séchées. Indispensable dans les préparations de poisson, convient aussi pour épicer les rôtis, qui seront servis froids.

Marjolaine: On emploie les feuilles fraîches ou sèches essentiellement pour les plats de viande et les farces.

Céleri coupé: Il est tout aussi arômatique que le céleri. Frais en été et en début d'automne. Pour les salades, les sauces au fromage blanc, aux œufs et à la mayonnaise.

Thym: On ne le trouve frais que du printemps à l'automne. Il a un goût épicé de girofle. On emploie les feuilles et les tiges dans les préparations de porc, d'agneau et de gibier et dans les marinades à salade.

Citronnelle: Petite herbe ayant un goût de citron, convient aussi bien pour les salades que pour les sauces aux herbes, les beurres maniés, le fromage blanc aux herbes. Et pour les boissons rafraîchissantes, les cocktails.

Basilic

Sarriette

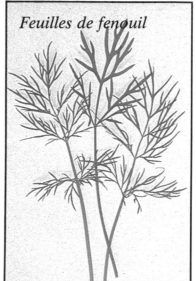

Feuilles de fenouil

Estragon

Livèche

Laurier

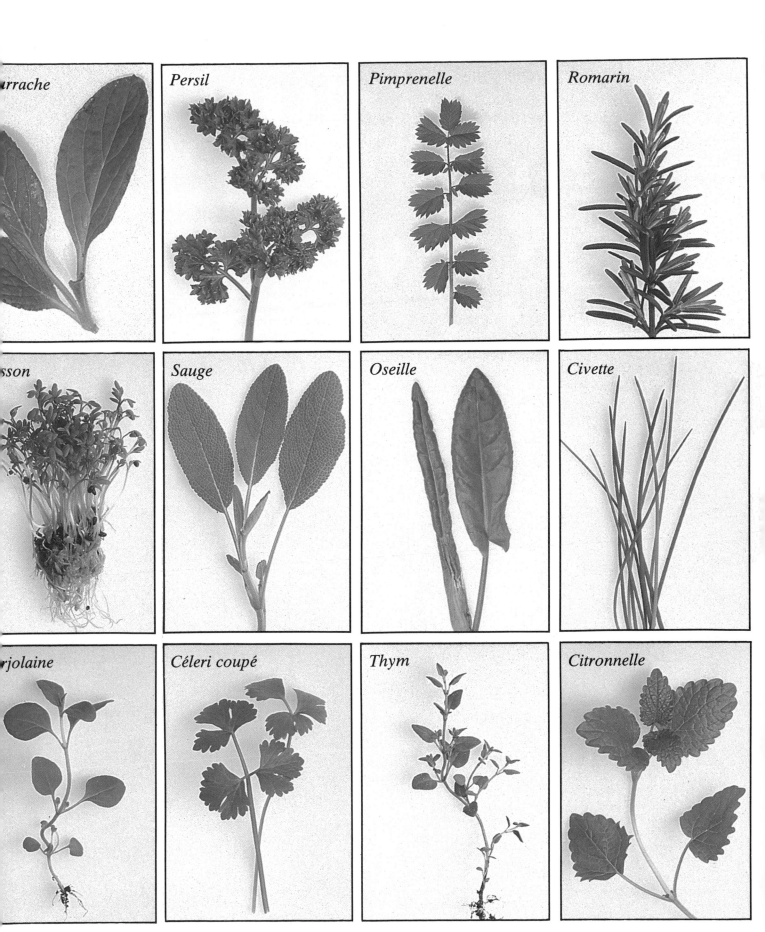

rrache

Persil

Pimprenelle

Romarin

sson

Sauge

Oseille

Civette

rjolaine

Céleri coupé

Thym

Citronnelle

Comment déguster les coques, les coquillages et les escargots

N'ayez pas peur de la nouveauté. Si vous n'avez encore jamais mangé de moules, d'huîtres, d'escargots ou de homard, vous allez vous orienter ici.

Revenons encore rapidement au homard, qui est souvent servi avec des sauces froides. La plupart du temps, il est déjà découpé. La moitié des pinces et des pattes est dans votre assiette. Que faire? Comme on aura mis à votre disposition un service à homard (cisaille et pique) vous pouvez vous attaquer tranquillement à l'animal. Sortir simplement la chair du corps avec la pique et la fourchette. Même chose pour les pinces. Mais dans les articulations et dans les pattes plus épaisses, il y a encore de la chair savoureuse. C'est-à-dire: partout où vous n'aurez pas accès avec la fourchette, vous allez vous servir de la pique, grâce à laquelle vous pourrez sortir la chair. Et vous pouvez sucer les petites pattes. Il suffit de les prendre entre ses doigts. Mais pour les langoustes cuites, vous aurez un peu plus de travail, car vous n'aurez pas de pince. Sinon, tout est comme pour le homard.

Il est un peu plus pénible de manger les écrevisses, les meilleures pèsent 80 g, parce qu'il faut presque toujours y mettre les doigts. A moins que l'on vous ait donné un couteau à crabe. Les pinces sont cassées à la main au niveau des articulations, et cassées au couteau à crabe. On suce tout simplement la chair. Puis casser les pattes et sucer. Vider la carapace avec une petite cuillère. Pour finir, casser la queue, ouvrir latéralement avec un couteau, détacher la carapace du dessus, et châtrer. Sortir la chair – le meilleur de l'animal – ôter les lamelles de chitine (tendre rondelles cartilagineuses) et déguster. Compter environ 600 g d'écrevisses par personne.

Tous les goûts sont dans la nature – aussi bien pour le homard que pour le crabe – car certains n'aiment pas du tout cela. Il en va de même pour les huîtres. C'est l'affaire de chacun. Il y a des fanatiques, qui ingurgitent 24 à 48 huîtres par repas. Sur les photos de droite, vous voyez comment on ouvre et on déguste les huîtres. Les moules ont aussi leurs amateurs. On les cuit, on peut les passer au four, on les trouve en boîte pour les préparer avec autre chose, on les sert aussi à la marinière, avec leur jus. On les accompagnera de pain blanc ou bis, de bière, de vin blanc.

Restent encore les escargots de Bourgogne. Cuits dans un plat spécial, les carapaces fourrées de beurre aillé. Un régal pour ceux qui les aiment. On les servira avec un vin d'Alsace ou un Bourgogne. Pour les déguster, il vous faudra un couvert spécial, comme sur notre photo.

Provisions pour invités surprises

Il n'est pas rare que des invités surprises viennent à la maison. Ne seraient-ce que vos meilleurs amis, qui font un saut chez vous, mais à qui vous voulez malgré tout offrir quelque chose de bon. Un repas froid. C'est pourquoi vous devez toujours avoir des provisions. Pour tous les cas. Voici une liste des aliments qui vous aideront à préparer rapidement un buffet froid. Bien entendu, vous pourrez aussi avoir recours aux conserves. Si vous voulez quelque chose de plus frais, vous aurez recours au congélateur, qui vous est si utile pour les provisions. Mais dans cette présentation, nous

Détacher une moule à l'aide d'une coquille de moule vide.

Poser l'huître sur un torchon de cuisine, la coquille arrondie vers le bas, recouvrir, tenir fermement. Glisser un couteau spécial entre les coquilles.

Lever et baisser légèrement le couteau à huître, jusqu'à ce que la coquille supérieure se détache.

Détacher la chair de l'huître de la coquille avec le couteau et gober avec le liquide.

Saisir la coquille pleine avec la pince à escargots, tenir en dessous une cuillère pour recueillir le beurre fondu.

Sortir l'escargot de la coquille à l'aide de la fourchette à escargot, et déguster.

n'exigeons pas de vous que vous n'utilisiez que ce qui est présenté ici. Ce n'est qu'un échantillon, où vous pourrez faire votre choix selon vos besoins. Nous vous laissons bien sûr l'initiative de ce que vous voulez ajouter à vos provisions. Mais une partie est déjà suffisante pour préparer un repas surprise à des invités surprises.

Dans le garde-manger vous aurez: des nouilles, du riz, du pain suédois, des crackers, des chips, des paquets de biscuits, du café, du thé, des noix, des sauces (au raifort, barbecue, américaine), du ketchup et de la sauce au curry, de la mayonnaise, de la sauce rémoulade, de la moutarde, de la sauce Worcester, soja et raifort, du lait concentré, du lait UHT et de la crème fraîche UHT, du fromage en boîte.

Comme conserves, vous aurez: des légumes en boîte à votre gré, des épices au vinaigre comme des cornichons, des mixed pickles, des olives, du jambon en boîte, du poulet, du corned-beef, de la viande et des saucisses, du poisson comme le crabe, les crevettes, les sardines à l'huile, et enfin des fruits, et si vous le voulez, des soupes.

Dans le réfrigérateur, vous aurez: des œufs, du beurre, du lait, de la saucisse longue conservation, du fromage en tranches, de la crème fraîche, des yaourts, du fromage blanc, des desserts tout prêts, des saucisses et de la viande sous vide.

Dans le congélateur, votre meilleur garde-manger, vous pouvez pratiquement tout stocker. Des légumes frais aux légumes préparés, de la viande fraîche aux tranches de rôtis, votre provision de pain frais (congelez-le chaud, c'est encore meilleur), de la crème fraîche, du beurre, de la saucisse fraîche en tranches et tout ce que l'on trouve dans les magasins de surgelés, les crevettes et les fruits de mer de toutes sortes, le saumon fumé, la volaille, le gibier et même un homard, des langoustines et du crabe. Ainsi que des fruits et des glaces. Une partie de ce que nous venons d'évoquer ici se trouve dans tous les foyers. Et vous pouvez aussi ajouter tout ce qui vous semble important.

Restent les boissons; à part le vin, elles ne sont pas difficiles à stocker. Les spiritueux, comme l'eau-de-vie, le gin, le whisky, la vodka, les liqueurs seront dans le garde-manger ou dans votre bar. La bière, le mousseux seront dans le réfrigérateur. Vous pouvez aussi stocker la bière à la cave. La limonade et les eaux minérales seront au réfrigérateur ou à la cave. A vous de décider où ils seront le mieux.

Pour finir, un bon conseil: Renouveler sans cesse les provisions. Mettre des aliments frais en réserve, et consommer les plus anciens, afin qu'ils ne vieillissent pas et ne perdent pas leur qualité.

Comment servir les invités – et comment se servent les invités

Souhaiter la bienvenue à ses invités ou leur ouvrir l'appétit sans l'apéritif est inconcevable. Les drinks: champagne pur ou avec de l'orange, du sherry, un cocktail. Vous pouvez servir avec quelques amuse-gueule. Par exemple des canapés. Un truc secret pour rapprocher les gens qui sont un peu distants: une vodka. Il ne faut pas plus d'un verre pour délier les langues et poser la première pierre d'une bonne soirée.

Lorsque l'on passe à table, ce qui va ravir les yeux et le palais, rien ne peut plus aller de travers. Si vous disposez encore de personnel qui puisse vous servir, vous n'avez pas de soucis à vous faire. Tout sera réglé. Mais qui dispose encore d'aides? Alors, servons nous-mêmes nos invités. Et cela doit se faire le plus simplement possible. Ce que garantit déjà la cuisine froide. Car si elle donne plus de travail à la préparation, elle se sert pratiquement d'elle-même. Les plats froids seront disposés sur la table. Lorsque les invités entrent, le buffet doit être prêt, les assiettes pour le lunch être servies. Evidemment le couvert sera mis. De cette façon le maître et la maîtresse de maison pourront suivre agréablement le repas et profiter de leurs invités sans embarras. Sauf pour les boissons qui devront être servies, et la table débarrassée.

Quelques mots pour une table bien mise: la nappe doit être irréprochable, le bouquet de fleurs bas, afin que les invités qui se font face ne soient pas gênés pour parler. La nappe, les fleurs et la vaisselle seront dans des coloris harmonisés. Si la vaisselle a un décor reconnaissable au premier coup d'œils par exemple, un bouquet de fleurs, il faudra le placer de telle sorte que le convive le voie à l'endroit et non la tête en bas. Ne pas oublier: les serviettes et les couverts seront rangés le long des assiettes dans l'ordre de l'utilisation. Les couteaux à droite et les fourchettes à gauche, la petite cuillère au-dessus de l'assiette. Les verres sont au-dessus de l'assiette, dans l'ordre de l'utilisation de l'extérieur à droite vers la gauche au centre de la table.

On peut commencer. Qu'il s'agisse de plats froids, de buffet froid, ou de canapés. Même dans la cuisine froide, il y a un menu classique: tout d'abord le poisson, puis la viande (ou la saucisse, ou le jambon), les légumes et/ou la salade, le fromage et finalement les fruits ou le dessert.

Le convive se sert donc lui-même. Et dans l'ordre que nous venons d'indiquer. Que ce soient des mets servis sur la table, ou du buffet froid, ou des assiettes de canapés. Naturellement, on ne commencera à manger à table que lorsque tout le monde sera servi. Par ailleurs: c'est la maîtresse de maison et le maître de maison qui servent personnellement le café et les digestifs. C'est souvent le signal du départ, à moins que l'on ne vous propose sincèrement de continuer la fête un moment.

TABLE DES MATIERES ALPHABETIQUE